Témoignage d'un Résistant

Raymond Heymann

Published by Raymond Heymann, 2024.

TÉMOIGNAGE D'UN RÉSISTANT

First edition. January 23, 2024.

Copyright © 2024 Raymond Heymann.

ISBN: 979-8224708413

Written by Raymond Heymann.

Table des Matières

Témoignage d'un Résistant
Mon Histoire de Résistant en France Pendant la Seconde Guerre Mondiale

RAYMOND HEYMANN

Chapitre 1

Une famille alsacienne entre les deux guerres mondiales

Je m'appelle Raymond Heymann. Je suis né à Strasbourg en 1919, une ville marquée par l'histoire, juste après la conclusion du traité de Versailles.

Strasbourg, cette ville où l'écho de chaque pierre raconte une histoire, où chaque ruelle semble murmurer les récits du passé. Mes racines sont profondément ancrées en Alsace, terre de mes ancêtres depuis des générations. Mes parents, mes grands-parents, mes arrière-grands-parents, tous ont vu le jour sur cette terre, tissée dans le riche tapis de l'histoire alsacienne.

Le judaïsme d'Alsace, auquel ma famille appartient, est un rameau de la tradition juive qui s'étend le long de la vallée du Rhin. De Bâle à la frontière hollandaise, il se caractérise par une dispersion dans de petites localités. L'histoire juive en Alsace est complexe, marquée par des interdits et des mouvements. Avant la Révolution française, les juifs n'avaient pas le droit de résider dans les villes d'Alsace. Ils vivaient dans des villages, souvent à la périphérie des grandes cités.

Mes deux grands-parents, témoins de cette époque, étaient originaires de ces petits villages. Ils ont vu le jour dans ce monde rural, simple, loin de l'agitation des grandes villes. Mon grand-père maternel est né à Bolsenheim, et ma grand-mère à Muttersholz. Des villages qui murmuraient le passé, des lieux où le temps semblait s'écouler différemment.

L'histoire de l'Alsace est intimement liée à celle de l'Allemagne, et l'occupation allemande de l'Alsace-Lorraine a été un tournant majeur. L'industrialisation a suivi, transformant radicalement le paysage social et économique. Les villes ont gagné en importance, attirant de nombreux juifs des villages environnants. Ces mouvements de population ont reflété les changements profonds dans la vie des communautés juives.

Les juifs des villages, dont mes ancêtres, exerçaient souvent des métiers modestes, tels que marchands de bestiaux ou de blé, et même colporteurs. Vivant dans des conditions économiques précaires, ils aspiraient à une vie meilleure. Ces histoires, ces voyages, ont façonné ma famille, nous menant finalement à Strasbourg, où j'ai vu le jour, au cœur d'une époque de changements et de défis.

En 1870, après la conquête allemande, ma famille a été confrontée à un choix crucial. Une partie a pris la décision difficile de quitter l'Alsace pour les États-Unis, afin d'éviter le service militaire allemand, tandis qu'une autre a préféré s'établir en France. Dans cette période agitée, j'ai un oncle, né en 1852, qui, à 18 ans, a été garde mobile à Strasbourg. Il a été témoin des événements dramatiques du siège prussien de 1870, y compris le grand incendie qui a dévasté la ville.

Ma grand-mère, avec ses frères et sœurs, a vécu ces temps de bouleversements. L'un de ses frères s'est installé à Remiremont dans les Vosges. Pendant l'affaire Dreyfus, en tant que coiffeur, il a subi l'antisémitisme des officiers de la garnison qui ont brisé les vitres de sa boutique, le forçant à déménager à Nancy. Deux autres frères ont émigré aux États-Unis, mais revenaient régulièrement visiter la famille.

Mon grand-père paternel est originaire de Lindgolsheim, un petit village près de Strasbourg, et ma grand-mère paternelle de Ritzels, près de la frontière allemande. Pendant la Première Guerre mondiale, mon père, alors soldat allemand, a racheté un magasin de chaussures sur la Grand-Rue à Strasbourg, qu'il a développé jusqu'à la veille de la Seconde Guerre.

Mes parents se sont mariés en 1913. J'ai ici leurs photos datant de 1912. Celle de ma mère, et voici celle de mon père.

La chaussure était la spécialité de mon père. Dans ma famille, les métiers étaient variés, mais nous n'étions pas encore à l'époque des professions universitaires. Nous étions commerçants et intermédiaires. Mon père a été mobilisé en 1914, mais, peu enclin à risquer sa vie pour l'Empereur Guillaume II, il a trouvé le moyen de se faire rapatrier à Strasbourg, où il a terminé la guerre comme soldat de la garnison locale.

Pendant ce temps, ma mère gérait le magasin de chaussures. Après la guerre, mon père a pu développer l'affaire. Mes parents ont travaillé acharnement après la Première Guerre mondiale pour établir leur commerce. C'était une période propice pour les personnes entreprenantes et travailleuses.

Je suis venu au monde en 1919, dans une Alsace marquée par les séquelles de la Première Guerre mondiale. Tragiquement, en 1920, ma sœur aînée, Suzanne, nous a quittés, emportée par une pneumonie, maladie impitoyable à cette époque. Ce fut un choc immense pour ma mère, une douleur qui ne l'a jamais quittée. En 1922, ma famille s'est agrandie avec la naissance de ma petite sœur, Simone.

Dans mon enfance, Strasbourg était le théâtre de mon quotidien, une ville vibrante de culture et d'histoire. J'ai suivi une scolarité classique, couronnée par des études dans une école de commerce. En 1936, mon père m'a envoyé en apprentissage à Paris, chez Chaussures Heyraud, une expérience formatrice qui m'a préparé à rejoindre l'entreprise familiale.

De retour à Strasbourg en 1937, j'ai rejoint mon père dans la gestion du magasin familial. Entre-temps, il avait acquis une autre boutique Place Gutenberg. Nos affaires prospéraient, mais la menace de la guerre grondait déjà à l'horizon.

Concernant l'identité nationale, la majorité des Juifs alsaciens, dont ma famille, étaient résolument pro-français. Il n'y avait pas de sympathie marquée pour l'Allemagne, bien au contraire. Cette loyauté envers la France était profondément ancrée dans notre communauté, sans ambivalence ni conflit.

Je me souviens d'une photo que j'avais évoquée précédemment, celle qui illustre les racines de ma famille, témoignant de notre attachement à la terre alsacienne et à la nation française. Notre identité était claire, notre appartenance incontestable, même dans le tourbillon des changements politiques et des conflits qui ont modelé l'Alsace au cours de ces années turbulentes.

Mon oncle David, résidant à Nancy avec mes grands-parents maternels depuis 1900, a été naturellement incorporé dans l'armée française durant la Première Guerre mondiale. Sa légère infirmité à la jambe l'a empêché d'aller au front, et il a donc servi dans l'arrière-garde tout au long du conflit.

Quant à mon père, il a servi dans l'armée allemande, conformément aux obligations militaires imposées aux Alsaciens de l'époque. Cela n'a jamais été source de conflit familial. Malgré son uniforme allemand, mon père, comme beaucoup de Juifs alsaciens, était profondément pro-français. Cette loyauté envers la France était naturelle et n'a jamais été remise en question.

Mon éducation s'est déroulée dans un mélange culturel unique. Ma langue maternelle est le français, mais l'alsacien, ce dialecte si caractéristique de notre région, constituait une part importante de mon identité linguistique. J'étais parfaitement bilingue, oscillant entre le français et l'alsacien avec aisance. L'allemand, bien que familier, n'était pas ma langue de prédilection.

À la maison, la coexistence du français et de l'alsacien était naturelle. Ma mère, ayant grandi à Nancy, parlait un français impeccable, tandis que mon père, bien que moins courant, communiquait également en français. Les conversations familiales étaient un mélange fluide de ces deux langues, sans effort conscient. Nous ne parlions jamais allemand, car personne dans la famille ne le maîtrisait vraiment. Cette atmosphère linguistique était le reflet d'un judaïsme alsacien, ancré entre deux cultures, mais résolument tourné vers la France.

J'ai appris l'allemand à l'école, mais c'était distinct de mon éducation juive, que j'aborderai maintenant. Le judaïsme en Alsace était profondément traditionnel, ancré dans les pratiques et les coutumes. Cependant, il faut admettre que notre niveau de culture et de connaissance juive était plutôt limité. Les membres de notre communauté savaient lire l'hébreu, suivaient les prières, et observaient les lois de la cacheroute. Mais leur compréhension ne s'étendait pas au-delà de ces pratiques. Cette lacune a, par la suite, contribué à une certaine assimilation et à l'augmentation des mariages mixtes.

Dans ma famille, nous suivions les traditions juives avec un certain degré de flexibilité. Bien que le magasin soit ouvert le Shabbat, mon père, un grand fumeur, ne fumait jamais ce jour-là. Nous n'entreprenions pas non plus de voyages le Shabbat. C'étaient des contradictions, certes, mais elles reflétaient un attachement indéniable aux traditions, que mes parents ont réussi à transmettre à ma sœur et à moi.

Nous observions les fêtes juives et le Shabbat était célébré de façon traditionnelle, avec des visites au Bet HaKnesset. Cependant, la vie économique et sociale imposait ses contraintes. Par exemple, j'allais en classe le Shabbat, illustrant le mélange de traditions et de modernité qui caractérisait notre vie.

Concernant l'éducation laïque, il n'y avait pas d'autre choix que l'école publique. Il existait bien une école primaire juive à Strasbourg, mais elle ne répondait pas aux attentes des familles juives souhaitant un enseignement de qualité supérieure. Ma sœur et moi avons fréquenté le lycée, tant au niveau primaire que secondaire, avec des camarades non juifs. Cette expérience scolaire était représentative de notre intégration dans la société générale, tout en maintenant un lien avec notre héritage juif.

Dans le milieu où nous vivions, les interactions entre juifs et non-juifs étaient fréquentes. Bien qu'il y ait de l'antisémitisme, il ne constituait pas une gêne majeure dans notre quotidien. Nous n'avons jamais rencontré de problèmes sérieux à ce sujet. J'avais des amis non juifs, mais nos relations avaient leurs limites.

Chez nous, les amitiés proches étaient principalement avec d'autres familles juives. Avec les non-juifs, il y avait toujours un point au-delà duquel la relation ne progressait pas. Par exemple, dans notre immeuble, il y avait une concierge, une femme admirable que mes parents appréciaient beaucoup. Elle avait travaillé chez mes parents avant son mariage et avait gardé un lien fort avec notre famille. Elle avait une petite fille, et à Noël, nous avions pour habitude d'aller à leur sapin de Noël pour offrir un petit cadeau. Cependant, nos interactions se limitaient à ces gestes de courtoisie.

Quant aux fêtes juives, comme Hanoukka, elles étaient célébrées exclusivement au sein de notre communauté. Nous n'invitions pas les non-juifs à ces célébrations. Cette séparation des sphères sociales et culturelles reflétait la réalité de l'époque et de notre communauté en Alsace. Nos traditions et nos pratiques étaient préservées dans notre cercle familial et communautaire, tout en maintenant une coexistence respectueuse avec nos voisins non juifs.

À Strasbourg, la vie communautaire juive était bien présente et active. Ma sœur et moi participions au Talmud Torah le jeudi et le dimanche matin, les jours de congé scolaire. Cependant, l'enseignement reçu là était assez basique. Je me souviens de ma bar-mitzvah en 1932, où j'ai lu trois versets du Sefer Torah sans vraiment en comprendre le sens, faute d'explications approfondies. À cette époque, mon intérêt était probablement plus orienté vers les cadeaux associés à l'événement que vers la signification religieuse elle-même.

En parallèle, il y avait des mouvements de jeunesse juifs très actifs à Strasbourg. Les éclaireurs juifs, par exemple, étaient bien établis dès les années 1920. Il y avait aussi des mouvements de jeunesse sionistes, qui étaient actifs avant, pendant, et surtout après la Première Guerre mondiale. Le Keren Kayemet, en particulier, jouissait d'une grande activité. Presque toutes les familles juives avaient des troncs pour collecter des fonds pour la Palestine, et la plupart des gens étaient bien informés sur la situation là-bas. Cependant, notre implication personnelle dans ces mouvements ne s'étendait pas au-delà de ces activités communautaires de base.

Cette dynamique reflétait un engagement certain vis-à-vis de notre identité juive et de la cause sioniste, mais dans une mesure limitée, focalisée sur les pratiques traditionnelles et le soutien communautaire plutôt que sur une participation active et approfondie dans les mouvements politiques ou religieux.

Bien que je n'aie jamais été impliqué dans un mouvement de jeunesse, ma sœur a rejoint les éclaireuses neutres à Strasbourg. Cette distinction entre "neutres", catholiques, protestantes, et israélites était courante dans les mouvements de jeunesse à cette époque, reflétant la diversité culturelle et religieuse de la ville.

Strasbourg, avec sa communauté juive dynamique et active, a toujours été un centre de vie culturelle et religieuse intense. La ville était un creuset de traditions et d'innovations, où les différentes confessions coexistaient, chacune avec ses propres organisations et activités. Cette vivacité était particulièrement notable dans la communauté juive, connue pour son engagement et sa vitalité.

Ma sœur, participant aux éclaireuses neutres, a bénéficié d'une expérience enrichissante, lui permettant de s'immerger dans un environnement laïc tout en restant connectée à notre héritage culturel et religieux. Cette participation reflétait un équilibre entre notre identité juive et notre intégration dans la société strasbourgeoise plus large, un équilibre qui caractérisait la vie de nombreuses familles juives à cette époque.

L'un des événements les plus marquants pour la communauté juive de Strasbourg avant la Seconde Guerre mondiale fut sans aucun doute la construction et l'inauguration de la grande synagogue du Quai Kléber. Cette synagogue, un édifice imposant et prestigieux, a été inaugurée au début du 20e siècle, vers 1901 ou 1902, bien que la date exacte m'échappe. Elle représentait un tournant majeur pour notre communauté, symbolisant à la fois notre prospérité et notre intégration dans la ville.

Avant la construction de cette grande synagogue, la communauté juive se rassemblait dans une synagogue plus ancienne et plus modeste rue Sainte-Hélène, située dans le vieux quartier de Strasbourg. Cependant, avec l'accroissement de la population juive, cet espace est devenu trop exigu. La nouvelle synagogue, érigée dans un quartier en plein développement, non loin du marché central, est rapidement devenue un symbole de fierté pour nous tous. Son emplacement visible et central en ville témoignait de la présence et de l'importance croissante de la communauté juive dans la vie strasbourgeoise.

Il est important de noter que, entre 1870 et la Première Guerre mondiale, Strasbourg a vu l'arrivée de nombreux juifs allemands. Cette immigration a contribué à l'enrichissement culturel et religieux de la communauté juive locale, apportant de nouvelles perspectives et traditions. La grande synagogue du Quai Kléber, avec son architecture majestueuse, incarnait cette évolution, devenant un centre vital pour la vie religieuse, sociale et culturelle des Juifs de Strasbourg.

Le judaïsme allemand, connu pour son esprit d'entreprise dans le domaine des institutions juives, a eu un impact significatif sur la communauté juive de Strasbourg, surtout pendant la période d'occupation allemande. C'est à cette époque que les principales œuvres juives de Strasbourg ont été fondées, souvent grâce à l'initiative et avec le soutien des familles juives allemandes.

Une clinique importante a été établie, ainsi qu'une école, appelée « l'école de travail ». Cette école jouait un rôle similaire à celui de l'ORT dans les années ultérieures. Des orphelinats, un pour garçons et un pour filles, ont également été fondés, de même que d'autres œuvres religieuses plus spécifiques. Ces institutions ont été largement soutenues par les familles allemandes, qui se montraient généreuses et proactives dans le financement des œuvres publiques.

Parmi les réalisations notables, il y a aussi l'Hospice Elisa, une maison de retraite fondée en mémoire d'une fille de la famille Ratisbonne. Cette famille est particulièrement intéressante : au 19ème siècle, l'un des frères Ratisbonne est parti en Terre Sainte et s'est converti au christianisme, fondant l'Ordre des Sœurs de Sion. Un autre frère, président du Consistoire à Strasbourg, a créé l'Hospice Elisa en hommage à sa fille décédée jeune. Cet hospice, qui existe encore aujourd'hui, a considérablement évolué au fil des années.

Ces développements témoignent de l'engagement profond des juifs, tant locaux qu'allemands, envers leur communauté à Strasbourg. Leur générosité et leur esprit d'initiative ont joué un rôle crucial dans la création d'institutions qui ont non seulement servi la communauté juive, mais aussi enrichi la vie sociale et culturelle de la ville dans son ensemble.

À Strasbourg, il n'y avait pas de séparation stricte entre les juifs allemands et alsaciens. Ils faisaient partie de ce qu'on appelle la Grande Communauté ou la Communauté consistoriale, et il n'y avait pas de distinction notable dans leur pratique religieuse ou leur intégration sociale. Les juifs allemands à Strasbourg n'étaient pas en grand nombre. Ils étaient principalement des industriels ou des personnes liées au pouvoir et avaient une certaine influence.

Concernant les juifs d'Europe de l'Est, les Ostjuden, il est possible qu'ils aient également fait partie de la communauté, mais ils n'étaient pas distincts en tant que groupe séparé au sein de la Communauté consistoriale.

Il est vrai qu'à Strasbourg, une communauté de stricte observance s'est formée très tôt. Cela a eu lieu lors de l'introduction de l'orgue dans la grande synagogue de Strasbourg. Ce phénomène, où un groupe a refusé l'introduction de l'orgue, était courant en Allemagne et a conduit à la création de leur propre communauté, connue sous le nom d'Ost-Streitsgemeinde. Ce schisme reflétait des divergences dans la pratique religieuse et la manière de concevoir le judaïsme, plutôt que des différences ethniques ou nationales.

La communauté juive de Strasbourg était effectivement diversifiée. Outre la Communauté consistoriale principale, il y avait une communauté de stricte observance, ainsi qu'une communauté d'Ostjuden qui s'est développée progressivement. Ces différentes communautés coexistaient, chacune avec ses propres pratiques et traditions, et il y avait trois minyanim, ou groupes de prière, distincts dans la ville.

Quant à ma famille, nous fréquentions la synagogue historique du Quai Kléber. Nous habitions dans un quartier qui se situait à environ 20 minutes de cette synagogue. En 1923, mes parents avaient acheté un immeuble dans ce nouveau quartier, et c'est là que nous résidions.

L'approche de la Seconde Guerre mondiale allait apporter des changements profonds et dévastateurs, non seulement pour notre famille mais aussi pour l'ensemble de la communauté juive de Strasbourg. Cette période marque un tournant crucial dans notre histoire, où nos vies et notre communauté allaient être mises à l'épreuve de manière sans précédent.

Dès 1938, les tensions préfigurant la Seconde Guerre mondiale étaient palpables, et l'année 1939 a été marquée par des signes de plus en plus inquiétants, comme l'Anschluss et l'invasion de la Tchécoslovaquie. Mes parents, anticipant les troubles à venir, avaient pris la précaution de louer un logement meublé dans les Vosges pour y passer les vacances, tout en envisageant la possibilité de l'utiliser comme refuge si nécessaire.

Chapitre 2

Septembre 1939. L'ordre d'évacuation

Lorsque le 1er septembre 1939 est arrivé, Strasbourg, ainsi que d'autres localités proches du Rhin, a été soumise à une évacuation forcée. Mon père avait déjà amené ma mère, ma sœur et mes grands-parents dans ce logement quelques jours auparavant. Mon père et moi avons suivi lors de l'évacuation officielle. Nous avons emporté avec nous ce que nous pouvions, cherchant à préserver au mieux nos biens les plus précieux ou indispensables.

Nous nous sommes donc retrouvés à Gérardmer, un lieu qui devait nous servir de refuge temporaire face à l'incertitude et aux dangers de la guerre imminente. Cette période a marqué un tournant déchirant dans notre vie, nous éloignant de notre foyer et nous plongeant dans un avenir incertain. Notre famille, comme tant d'autres, s'est retrouvée confrontée à l'urgence de la situation, cherchant à maintenir un semblant de normalité dans un monde qui changeait rapidement et de façon irréversible.

L'ordre d'évacuation de Strasbourg est venu de manière assez soudaine, mais pas totalement inattendue, compte tenu des tensions croissantes en Europe. Nous étions informés principalement par la radio, qui était alors notre principale source d'information sur les événements extérieurs. En outre, l'ordre d'évacuation a été officiellement affiché dans la ville, rendant la situation inévitablement réelle et urgente.

L'ordre stipulait que des trains seraient mis à disposition des habitants pour les emmener vers les départements d'accueil, en particulier la Dordogne, avec des destinations comme Périgueux, et la Haute-Vienne, avec Limoges. Cependant, ma famille a choisi une voie différente. Mon père possédait une voiture, ce qui nous a permis de nous diriger vers notre logement à Gérardmer, où nous avions déjà envoyé ma mère, ma sœur et mes grands-parents.

Je me souviens des discussions familiales sur ce qu'il fallait emporter. Ces moments étaient empreints d'une certaine urgence et d'anxiété. Nous devions décider rapidement des objets essentiels, laissant derrière nous une grande partie de nos biens et de notre vie habituelle. C'était un exercice de tri difficile, séparant les nécessités immédiates des possessions auxquelles nous étions attachés. Les décisions devaient être prises rapidement, car il y avait une pression constante du temps et de la situation qui évoluait rapidement.

Cette évacuation forcée était un moment de bouleversement profond pour notre famille, nous arrachant à notre environnement familier et nous projetant dans un avenir incertain. C'était un adieu précipité à notre maison, à nos amis, et à la vie que nous connaissions, sans savoir ce que l'avenir nous réservait.

L'évacuation de Strasbourg, une ville normalement animée, était totale et impérative. La consigne était claire : tout le monde devait partir, à l'exception de certains établissements essentiels comme quelques restaurants, points hospitaliers, et bien sûr, les troupes militaires. Seuls ceux munis d'une autorisation spéciale des autorités militaires françaises étaient exemptés de cette directive. Cette mesure, prise sous l'égide du gouvernement français, était un signe de la confiance placée dans la ligne Maginot. Les habitants, y compris moi-même, étions convaincus de son efficacité pour nous protéger des offensives allemandes. Cette confiance était aussi soutenue par notre foi en le Général Gamelin, le chef de l'armée française. Dans nos esprits, la ligne Maginot était un rempart infaillible, un gage de sécurité au cœur de ces temps incertains.

L'objectif de l'évacuation de Strasbourg n'était pas seulement de protéger les zones militaires, mais aussi de prendre des précautions pour minimiser les victimes civiles en cas de bombardement. Cette mesure avait également pour but de dégager de l'espace pour les manœuvres militaires, en évitant que la présence des civils ne constitue un obstacle.

Face à cette situation, notre famille a dû fermer le magasin. Nous avons pris la clé, laissant derrière nous la majorité des marchandises. Seulement ce que nous pouvions emporter dans notre voiture a été sauvé. C'était un moment poignant, marqué par la nostalgie et les souvenirs de mes grands-parents. Ma grand-mère paternelle nous avait quittés en 1938, et mon grand-père paternel, que je n'avais jamais connu, était décédé bien plus tôt, en 1905. Ces pensées ajoutaient une couche supplémentaire d'émotion à notre départ précipité de Strasbourg, une ville sur le point de devenir un fantôme de son ancienne effervescence.

La disparition de ma grand-mère paternelle en 1938 avait laissé une empreinte douloureuse dans notre famille. Quant à mes grands-parents maternels, ils vivaient avec mon oncle, ma tante et mon cousin juste en dessous de notre appartement. Lorsque l'ordre d'évacuation a été donné, ils ont tous dû partir, tout comme nous. Ils ont réussi à trouver un logement à Gérardmer, une ville de repli pour de nombreux Strasbourgeois durant cette période troublée.

Mon oncle, quant à lui, avait été mobilisé dans les forces territoriales, ajoutant une couche supplémentaire d'inquiétude à notre situation familiale. Malgré l'incertitude et la peur, nous avons tous pris la direction de Gérardmer, emportant avec nous les clés de nos maisons et commerces, non pas laissées sous un paillasson, mais gardées précieusement dans nos poches. Cette évacuation signifiait bien plus qu'un simple changement de lieu ; c'était le début d'une nouvelle ère, pleine d'incertitudes mais aussi de solidarité familiale dans l'adversité.

À Gérardmer, notre installation s'est déroulée de manière relativement aisée, malgré la simplicité et la rudesse des conditions. La ville, connue pour son lac pittoresque et son cadre de vacances idyllique, offrait de nombreux logements meublés, ce qui était un avantage considérable pour nous et les nombreux autres réfugiés, surtout venus de Colmar et des environs.

Cette communauté soudainement formée de réfugiés comprenait une part significative de Juifs, comme nous, cherchant refuge loin de leurs foyers. La présence d'une synagogue à Gérardmer était une source de réconfort. Elle est devenue un point central pour notre vie communautaire, offrant un lieu de culte et de rassemblement. Les offices religieux, en particulier, étaient des moments importants, renforçant notre sentiment d'appartenance et notre résilience face à l'adversité.

L'expérience à Gérardmer, bien que marquée par le contexte de guerre et d'évacuation, a également été une période de solidarité et de partage, où la communauté s'est unie pour faire face aux défis du moment.

Ce déracinement fut une épreuve complexe, mêlant l'incertitude des premiers jours à la dure réalité de l'adaptation. Au début, j'ai pu croire que ce serait une sorte de grandes vacances, un changement temporaire. Mais très vite, les problèmes matériels prirent le dessus. Nous devions nous organiser pour des besoins de base, comme la nourriture. Nous faisions venir de la viande cachère de Colmar. C'était un détail parmi tant d'autres, mais il symbolisait cette nécessité constante d'adaptation.

L'hiver à Gérardmer fut particulièrement éprouvant. Les températures chutèrent à des niveaux glaciaux, atteignant moins 28 degrés, voire moins 33 à Robirmont. Les volets gelaient sur les fenêtres, les toilettes ne fonctionnaient plus à cause du gel. Chaque jour était une lutte pour se chauffer, fendre du bois devenait une routine cruciale pour notre survie.

Parmi ces difficultés, un événement marquant fut le décès de ma grand-mère maternelle, fin octobre, à Gérardmer. Elle fut enterrée sous une épaisse couche de neige. Les témoignages de ce jour restent gravés dans ma mémoire, évoquant une tristesse profonde. La tombe ne put être creusée immédiatement à cause du sol gelé. Il fallut attendre un léger dégel. Sa mort, à 81 ans, fut accélérée par plusieurs petits maux qui s'aggravèrent avec l'âge et ce déracinement brutal. Ce fut un moment de profonde tristesse, mêlée à la dure réalité de notre situation.

Ces expériences, aussi douloureuses furent-elles, façonnèrent mon regard sur la vie et la résilience. La nécessité de s'adapter à un environnement hostile, tout en portant le deuil et la perte, est une leçon de vie inestimable.

À Gérardmer, ma vie a pris un tournant différent de celui que j'aurais pu imaginer. Ayant quitté le lycée pour intégrer une école de commerce, j'avais achevé mes études fin 1935. Donc, lors de notre arrivée à Gérardmer, je n'avais plus d'attaches scolaires. C'était un changement majeur pour moi, passant d'un environnement structuré et prévisible à une existence incertaine dans cette petite ville.

Nous nous sommes installés du mieux que nous pouvions à Gérardmer. Mes parents avaient toujours été économes, vivant de façon modeste mais suffisante. Nous ne manquions de rien d'essentiel, mais évitions toute dépense superflue. Cette habitude d'épargne s'est avérée cruciale pendant la guerre. Sans revenus réguliers, nous dépendions de ces économies pour faire face aux nombreuses difficultés. C'était une période de restriction, mais aussi d'apprentissage sur la valeur de la prévoyance et de la gestion prudente des ressources.

Chaque jour apportait son lot de défis, mais grâce à l'esprit d'économie et à la prévoyance de mes parents, nous avons réussi à surmonter les moments les plus difficiles. Cette expérience m'a enseigné l'importance de la prudence financière, une leçon que j'ai gardée tout au long de ma vie.

Lorsque nous avons compris que notre séjour à Gérardmer allait se prolonger, nous avons pris la décision de retourner à Strasbourg pour récupérer des affaires essentielles, tant pour nous que pour mes grands-parents. Au début, nous transportions nos effets personnels dans la voiture de mon père. Mais très vite, nous avons aussi commencé à ramener des marchandises de notre magasin.

Octobre, novembre, puis décembre passèrent, et il devenait évident que laisser notre stock de marchandises à Strasbourg était une perte inutile. Nous avions un stock conséquent, surtout avec les commandes d'hiver qui avaient été largement rentables. Nous n'avions pas anticipé cette situation ; habituellement, pour arrêter les commandes, il aurait fallu prévoir six mois à l'avance.

Devant cette réalité imprévue, nous avons décidé de vendre ce stock. C'était une mesure pragmatique, permettant de ne pas gaspiller des ressources précieuses et de générer des revenus en ces temps incertains. Ce fut une tâche ardue, mais nécessaire, reflétant notre capacité à nous adapter et à faire face aux défis posés par les circonstances. Chaque voyage de retour à Strasbourg était un rappel de notre vie passée et un pas vers la gestion de notre nouvelle réalité.

La situation à laquelle nous faisions face était inédite. Les deux magasins que nous avions à Strasbourg étaient pleins de marchandises. Dans un premier temps, nous avons loué un quart de salle de bal pour y entreposer les chaussures. Cela semblait être une solution temporaire, mais bientôt, nous avons dû louer l'intégralité de cette salle à Gérardmer pour accueillir l'ensemble de notre stock.

Les voyages entre Strasbourg et Gérardmer devenaient de plus en plus fréquents. Devant cette nécessité, le propriétaire du car que nous utilisions a retiré les sièges pour nous permettre de transporter plus de marchandises. Nous emballions nous-mêmes les paquets de chaussures, faisant face à cette tâche seuls. Pendant tout l'hiver, nous avons effectué de nombreux voyages, bien que je ne puisse dire exactement combien.

Une fois la marchandise installée et classée dans la salle de bal, nous avons commencé à prospecter les marchands de chaussures locaux pour la vendre. Notre objectif était clair : nous ne pouvions pas conserver cette marchandise. Malgré les difficultés, nous avons réussi à en vendre une bonne partie, bien que cela n'ait pas été facile. À l'époque, l'industrie française fonctionnait encore normalement, et il n'y avait pas d'opérations militaires majeures. On appelait cette période la "drôle de guerre", durant laquelle les armées allemande et française se faisaient face sans réellement s'affronter.

Alors que nous attendions, sans savoir quoi exactement, notre incompréhension grandissait. Pourtant, une confiance aveugle en nos chefs militaires et policiers persistait. C'était le printemps, mais la situation restait inchangée. Mon père et moi, nous passions nos journées à parcourir la région en voiture, cherchant des acheteurs pour nos marchandises. Cette quête incessante nous avait transformés, à notre insu, en commerçants itinérants. C'était notre nouvelle réalité, dictée par les circonstances, un rôle que nous n'avions jamais imaginé endosser.

En mai 1940, avec toutes les tensions et les restrictions qui caractérisaient cette période, et malgré les pénuries d'essence qui commençaient à se faire sentir, notre famille disposait encore de bons nous permettant de nous approvisionner. Cela nous épargnait des difficultés majeures. Nous avions une conduite prudente, sans excès, sans gaspillage. Nous ne sortions la voiture que pour des déplacements essentiels, conscients de la nécessité de conserver les ressources pour des moments plus critiques.

Mes parents étaient particulièrement prévoyants. Ils suivaient une vieille tradition, répandue dans les familles juives, consistant à garder un peu d'or de côté. L'or est une valeur refuge, elle offre une certaine sécurité en cas de bouleversement économique ou social. Cet or, ils ne souhaitaient ni le vendre ni l'utiliser immédiatement. Ils envisageaient l'avenir avec circonspection, et avec la guerre qui grondait, ils décidèrent de prendre des mesures pour le préserver.

Ainsi, ils ont loué un coffre dans une banque à Orléans. Ce choix n'était pas anodin. Orléans se trouvait être une ville stratégique, plus en retrait par rapport à la ligne de front qui s'annonçait au nord. Si la situation devait s'aggraver et que nous étions contraints de quitter notre domicile, Orléans nous apparaissait comme un choix judicieux pour un repli potentiel. C'était une position assez centrale dans l'Hexagone et cela nous offrait une tranquillité d'esprit face à l'incertitude des temps.

En somme, cette période était marquée par la nécessité de prévoir, de penser à l'avance aux mesures de précaution afin de pouvoir faire face à ce que l'avenir nous réservait. C'est cette clairvoyance de mes parents qui nous a permis de traverser ces moments difficiles avec un peu plus de sérénité.

Je me souviens très distinctement de ce matin-là, le 10 mai 1940, lorsque mon père et moi nous sommes mis en route pour Orléans. En plein trajet, nous nous sommes retrouvés dans la région de Langres, confrontés à un arrêt total de la circulation. L'air était lourd du bruit des bombes qui explosaient, signe indubitable de l'offensive allemande qui avait démarré ce jour-là.

La surprise était totale. Des colonnes de fumée s'élevaient ici et là, témoignant de l'impact des bombes. Les avions ennemis étaient partout, et nous pouvions entendre le sifflement caractéristique des Stuka plongeant sur leurs cibles. Après un temps qui a paru interminable, les assauts ont cessé et nous avons pu reprendre notre route.

À Orléans, la mission a été accomplie rapidement : nuit passée en ville, location d'un coffre en banque, puis retour à Gérardmer. Le plan initial devait paraître simple, mais les événements ont pris une tournure dramatique beaucoup plus rapidement que prévu. Les Allemands avançaient à une vitesse incroyable. Tout le monde espérait que la Marne serait le théâtre d'un nouveau miracle, comme en 1914, mais il n'y eut pas de miracle cette fois-ci.

Chapitre 3

Juin 1940. L'enrôlement

Pendant ce temps, l'armée m'avait convoqué. Mon contingent était en réalité prévu pour être mobilisé en octobre 1939, mais cela avait été reporté, faute d'équipement. Finalement, j'ai été appelé à servir le 8 juin 1940, au 184ème régiment d'artillerie à Valence.

Les événements se sont précipités. Paris est tombé le 14 juin, et c'est ce jour-là que mes parents, avec mon grand-père âgé, ont pris la route de l'Exode. Une histoire tragiquement commune à tant de Français, fuyant devant l'avancée ennemie. Quand l'essence a fini par manquer, ils se sont retrouvés dans le Cantal, à Albepierre, où ils ont trouvé refuge dans la grange d'une certaine madame Jacomi, parmi la paille.

Retour à Valence, on m'a initié à la discipline militaire, au maniement du canon de 75, considéré alors comme l'outil de la pointe du progrès militaire. Puis est arrivé l'appel du général de Gaulle, le 18 juin, nous exhortant à continuer le combat depuis l'Angleterre. C'était impensable pour nous : la France en train de s'incliner, de capituler devant l'Allemagne ? Et pourtant, quelques jours après, l'armistice a été signé. Le maréchal Pétain prenait la tête du gouvernement, et la France que nous connaissions commençait à s'éclipser sous nos yeux.

Moi, je n'ai pas entendu personnellement l'appel du général de Gaulle. Dans la caserne, il était impensable que cet appel, considéré à l'époque comme sédicieux, soit diffusé. C'est seulement par des discussions, par des échanges entre camarades, que nous avons été informés de cet événement. Certains d'entre nous s'étaient aventurés en ville et c'est ainsi que nous avions appris qu'un certain colonel de Gaulle avait pris l'antenne depuis Londres, appelant tous les Français à le rejoindre pour continuer le combat pour la France, mais à partir de l'étranger.

Aux alentours du 18 juin, cette nouvelle option, celle de la résistance au-delà des frontières, a commencé à se faire connaître parmi nous. Cependant, nous avions été tellement habitués à avoir confiance dans l'armée française et dans le gouvernement que nous n'avions pas tout de suite mesuré l'ampleur du désastre qui s'était en réalité produit. C'était une vision faussée par la confiance et l'incrédulité, mais les faits étaient là : l'armée française subissait de lourdes pertes et de nombreux soldats étaient capturés par l'ennemi, y compris trois de mes cousins, les fils d'une sœur de mon père.

C'est après coup que j'ai pris connaissance de toute l'ampleur des événements, que ce soit à propos de l'armée, des prisonniers ou de la situation de ma propre famille.

Revenons à la caserne de Valence. Un jour, nous avons reçu l'ordre de nous préparer à partir vers le sud. Notre unité a été embarquée dans des wagons à bestiaux. L'espoir collectif, notre espoir, était qu'on nous emmène en Afrique du Nord. Là-bas, nous pensions que nous aurions l'opportunité de rejoindre les forces combattantes et de reprendre le combat. Cette idée dominait parmi les soldats, celle d'une continuation de la lutte, même si la métropole venait à tomber aux mains de l'Allemagne.

Après l'armistice signé le 22 juin 1940, la situation pour les juifs de France est devenue particulièrement précaire. Comme beaucoup d'autres juifs à l'époque, ma famille et moi ne percevions pas seulement la défaite comme une perte de notre identité française. C'était aussi l'annonce d'un danger imminent pour notre existence même. Les nouvelles de ce qui se passait en Allemagne avec l'assujettissement des juifs, les camps de concentration, les arrestations arbitraires, et les agressions étaient bien connues de nous. Cette réalité était alarmante, et avec la défaite de la France, l'illusion que la nation pouvait encore nous protéger se dissipait rapidement.

Le maréchal Pétain, quant à lui, était une figure bien connue et autrefois respectée, le "vainqueur de Verdun", un personnage emblématique de la Première Guerre mondiale. Avant la guerre, il aurait été difficile pour quiconque de le soupçonner de pouvoir collaborer avec les Allemands. Mais, l'histoire a vite montré à quel point cette confiance en lui était naïve. Une fois au pouvoir, il a mis en place le régime de Vichy qui a collaboré avec les occupants nazis.

Dans ma famille, et généralement parmi la communauté juive, il n'y avait pas de sympathie pour Pétain ou sa politique. L'appel de De Gaulle n'avait pas forcément influencé immédiatement tout le monde, étant donné sa portée initialement limitée. Néanmoins, pour les juifs et bien d'autres Français qui appréciaient les valeurs de liberté et de résistance, cet appel était une lueur d'espoir, bien que lointaine et incertaine à ce stade.

L'armistice signé entre Pétain et les Allemands n'était pas juste un compromis militaire ; c'était aussi le prélude à une période sombre pour les juifs. Le sentiment grandissant était que les Allemands n'étaient pas seulement les ennemis de la France, mais étaient aussi nos oppresseurs directs. Avec l'expérience des réfugiés allemands arrivant en France, nous savions ce qui se passait et nous avions déjà une compréhension effroyable de ce que pouvait être un régime nazi. Nous n'en connaissions pas encore toute l'étendue, mais nous savions déjà que pour nous, juifs, c'était un cataclysme.

En effet, je ne faisais pas confiance au maréchal Pétain, et cela dès le départ. Parmi la communauté juive en général, il y avait une méfiance instinctive assez largement partagée, bien que, bien sûr, il y ait pu avoir des exceptions. Mais dans l'ensemble, nous étions conscients des dangers que représentait la nouvelle orientation du gouvernement face à l'occupation nazie.

Lors de notre déplacement vers le sud, l'espoir éphémère de prendre le large pour rejoindre les forces libres s'est rapidement effondré. Le train nous a menés non pas vers un port, mais vers un camp à Barcarès, où nous avons été déposés. Ce camp avait auparavant hébergé des réfugiés républicains espagnols après la victoire de Franco. Là-bas, les conditions étaient plus que sommaires : des baraques en bois plantées sur du sable, et des puces omniprésentes.

Nous avons passé là quelques semaines, sous un soleil écrasant, caractéristique de cette région méditerranéenne. Les conditions étaient difficiles, et Barcarès était loin d'être un lieu de convalescence. Au bout de ce séjour, on nous a transférés dans un village près de Perpignan, où nous avons dormi dans des granges. Si l'on peut dire, ce fut un léger mieux, compte tenu que c'était l'été et que les températures pouvaient être très élevées.

Quant à nos journées, elles étaient d'une monotonie déconcertante. L'occupation principale semblait être de tuer les puces, une lutte quotidienne, tandis que le reste du temps, il n'y avait pratiquement rien à faire. L'inactivité, le manque de perspective claire pour l'avenir, tout cela contribuait à un sentiment général d'abandon et d'incertitude sur ce que le futur nous réservait.

Nous étions stationnés, et la vie quotidienne au camp était marquée par un profond ennui et un manque d'activité palpable. Mis à part l'impératif de maintenir les baraques propres et de lutter contre les infestations de puces, il n'y avait pas de tâches ou d'exercices militaires. Aucun entraînement, rien qui ressemblât de près ou de loin à une préparation au combat. C'était une période de grand vide.

Quand nous fûmes déplacés au petit village de Pia, à côté de Perpignan, nos conditions de vie s'améliorèrent légèrement. Nous étions logés chez l'habitant, ce qui nous a permis de mieux nous ravitailler grâce à l'accès à des produits frais comme des légumes et des œufs. On pouvait enfin souffler un peu, respirer après la promiscuité du camp du Barcarès.

C'est à Pia que j'ai réussi à rétablir le contact avec ma famille. J'avais une cousine réfugiée à Perpignan et, grâce à une autre cousine à Bordeaux, j'ai finalement obtenu l'adresse de mes parents dans le Cantal. Nous avons échangé quelques cartes postales qui me sont toujours chères. Mes parents avaient déménagé de la grange de Madame

Jacomis pour se rendre à l'hôtel de la Croix-Blanche à Murat, qui se trouvait être le chef-lieu de la région.

Malheureusement, c'est là que mon grand-père est décédé, en juillet 1940, à l'hôpital de Murat. Il a été enterré au cimetière de la ville. De leur côté, mes parents avaient appris la présence à Montpellier d'une famille amie originaire de Strasbourg, la famille Vinter, qui avait aussi quitté l'Alsace pour fuir l'envahisseur.

Ce réseau de contacts entre familles et amis réfugiés, dispersés à travers tout le pays, était essentiel pour maintenir un semblant de cohérence dans nos vies bouleversées par la guerre. Il nous permettait de garder des liens, d'échanger des nouvelles et de se soutenir mutuellement à travers ces temps difficiles.

Après la période passée dans le petit village près de Perpignan, mes parents ont décidé de se rendre à Montpellier. Ils n'avaient pas de préférences particulières pour aucun lieu, aucune attache ailleurs, simplement la connaissance de la présence d'amis là-bas. Une fois arrivés, ils ont loué un appartement meublé et se sont installés.

Pour ma part, de Pia, notre groupe a été transféré au fort de Mont-Louis, dans les Pyrénées-Orientales. Ce fort, édifié au 17ème siècle, se situe à 1800 mètres d'altitude. Autant dire que si les conditions y étaient rudes, l'air y était frais et nous avions en quelque sorte une petite cure en montagne pendant deux semaines, malgré l'absence d'activités militaires. Sans armes personnelles, il n'y avait même pas de garde à monter.

C'est à ce moment-là que j'ai reçu le contact de mes parents à Montpellier grâce à l'adresse fournie par ma cousine. La communication établie avec eux a été un maigre réconfort dans ces temps incertains.

Plus tard, depuis Mont-Louis, nous avons été redéployés plus au nord, dans une région montagneuse aride du Massif central, non loin de Lodeve, avec pour objectif de créer les éléments des Chantiers de Jeunesse. En effet, après l'armistice, l'armée française avait été en grande partie dissoute, mis à part une petite armée d'armistice composée principalement de militaires de carrière. Les soldats qui n'avaient pas été capturés avaient été libérés, sauf ceux, comme moi, qui devaient effectuer leur service militaire.

Chapitre 4

Les Chantiers de Jeunesse

Les Chantiers de Jeunesse étaient censés remplacer le service militaire obligatoire pour les jeunes Français et inculquer des valeurs de travail, de camaraderie et de discipline, dans l'esprit du nouveau régime de Vichy. C'était donc une période de transition et d'adaptation à une France métamorphosée par la défaite et l'armistice, qui cherchait son chemin sous le poids de la présence allemande et d'un gouvernement collaborateur.

La classe 1939, 4e trimestre, dont je faisais partie, a été transformée en Chantiers de Jeunesse. Ces chantiers avaient pour but de préparer la jeunesse à devenir le visage de la nouvelle France selon les idéaux de Vichy : "travail, famille, patrie". Ils se voulaient un retour vers la nature et vers les valeurs fondamentales. Nous étions censés participer à des travaux physiques, tels que l'abattage d'arbres et l'installation de systèmes d'adduction d'eau, afin de préparer un camp pour notre résidence future et éventuellement pour d'autres activités.

Arrivés sur place au mois d'août, on nous a attribué des tentes et nous avons commencé par défricher le terrain. Il fallait arracher la végétation et rendre le sol prêt pour établir les emplaccments de nos tentes permanentes ou de cabanes en rondins que nous avions pour mission de construire nous-mêmes. En parallèle, il était nécessaire d'aménager un espace central destiné aux rassemblements, avec un mât pour le drapeau.

Chaque groupe s'attelait à ses tâches. Certains étaient plus qualifiés que d'autres, apportant leurs compétences professionnelles acquises avant l'appel, par exemple en tant que paysans ou artisans. Personnellement, j'étais moins utile en termes de compétences manuelles, ne possédant aucune expérience en tant que bûcheron ou menuisier. Je me suis donc retrouvé davantage dans un rôle de soutien, transportant des matériaux, creusant la terre parmi d'autres tâches. Heureusement, nous avions des compagnons plus expérimentés, notamment des personnes venant du même village de Lorraine que moi.

Nous avons vécu sous tente jusqu'au mois de décembre. Par la suite, on nous a livré des baraques préfabriquées. Nous avons contribué à les assembler et c'est autour de ce terrain central les ayant planifié que nous avons pu nous installer dans ces structures une fois l'hiver venu. Cela a marqué une certaine progression dans nos conditions de vie après des mois passés dans une précarité plus austère.

Dans le chantier de jeunesse où j'ai été affecté, les conditions étaient rudimentaires ; sans eau courante ni électricité, les installations étaient sommaires. Nous nous lavions au ruisseau, et à l'approche de l'hiver, l'eau gelait, ce qui rendait la tâche encore plus pénible et peu attrayante. Ce froid était suffisant pour dissuader la plupart d'entre nous de tenter cette expérience chaque matin.

Cependant, malgré ces conditions primaires, nous avons été préservés de maladies graves. Il y avait un effort pour maintenir l'hygiène à un niveau acceptable. Par exemple, à cette époque, nous avons été vaccinés contre la diphtérie et d'autres maladies infectieuses par le vaccin TAB (triple anti-bacillaire), qui était communément administré aux jeunes de 20 ans en France.

Quant à l'administration du camp, elle était assurée par des officiers militaires, avec un minimum de discipline instaurée. Le chef de camp avait le grade de lieutenant, et il était assisté de sous-lieutenants ou d'aspirants. Ces hommes étaient généralement sympathiques et pas du tout endoctrinés par l'idéologie vichyste, certains se montraient même ouvertement hostiles à Pétain.

Je me souviens encore, lors de mon départ, le chef de camp, connaissant ma situation de juif, m'avait proposé son aide si j'en avais besoin à l'avenir — une proposition qui signifiait beaucoup, surtout en ces temps incertains. Bien que je n'ai jamais eu à faire appel à lui, son offre est restée dans ma mémoire comme un geste de solidarité.

Les Chantiers de Jeunesse étaient censés incarner l'un des éléments centraux de la Révolution nationale prônée par Vichy, destinés à former et à éduquer la nouvelle jeunesse française. En théorie, il s'agissait de rapprocher ces jeunes de la terre et du travail, mais les réalités pratiques et les difficultés quotidiennes, ainsi que les attitudes des responsables du camp, éclipsaient souvent ces objectifs théoriques.

Effectivement, pendant les premiers mois suivant la défaite française en 1940, le régime de Vichy était encore en train d'instaurer sa politique et ses programmes. En ce qui concerne notre expérience dans les Chantiers de Jeunesse à ce moment-là, l'accent était mis sur la gestion des préoccupations immédiates et pratiques comme l'aménagement du camp, la mise en place de l'adduction d'eau et d'autres infrastructures essentielles.

Les activités d'endoctrinement politique, s'il était prévu qu'elles deviennent une composante du programme, n'étaient pas encore mises en œuvre ou du moins pas de façon perceptible pour nous. Ce n'était que le commencement de la Révolution nationale, et l'infrastructure et l'organisation étaient des priorités plus pressantes.

Quant au statut des Juifs, qui a été promulgué en octobre 1940, l'écho de cette législation discriminatoire n'a pas immédiatement retenti dans le quotidien de notre camp. Nous étions occupés par le travail physique et la vie collective, et les permis de fin de semaine me permettaient de me retrouver en famille, offrant une échappatoire aux problèmes politiques et une opportunité d'échanger sur la situation avec mes parents.

Pour rejoindre Montpellier et ma famille le week-end, je devais trouver un camion allant vers Lodeve et ensuite emprunter un petit train de montagne. C'était une heureuse coïncidence de me trouver géographiquement proche de mes parents. Ces retrouvailles étaient précieuses, non seulement pour des questions pratiques comme le linge et le ravitaillement, mais surtout pour le soutien moral et les informations qu'ils pouvaient me donner sur l'évolution de la situation pour la communauté juive.

Dans la période qui incluait les fêtes de Rosh Hashanah et Yom Kippour en septembre 1940, j'ai pu obtenir des permissions qui m'ont permis de rejoindre Montpellier et participer aux célébrations organisées dans la ville. Un grand hangar a été mis à disposition par un homme d'affaires, Elie Cohen, qui se démarquait par son exceptionnelle générosité. Il a offert son entrepôt de tissus pour que la communauté des réfugiés juifs puisse s'y rassembler et prier.

L'organisation de ces rassemblements était dirigée par l'aumônier militaire et rabbin, Henri Schilli, dont le leadership et les paroles eurent une influence significative et un impact durable sur moi, bien que je n'aie pas eu l'opportunité de m'engager davantage avec lui à l'époque. La présence et l'atmosphère de ces moments partagés avec la communauté juive ont laissé une empreinte forte dans ma conscience.

Mes parents, installés dans une maison meublée rue du Pont Juvenal près de la gare de Montpellier, faisaient partie d'une communauté importante de réfugiés qui incluait des familles de différentes régions, telles que Saint-Dié et Luxembourg. Cette maison comptait une vingtaine d'appartements et était devenue un point de ralliement pour ces familles en quête d'un sanctuaire au milieu des turbulences de la guerre.

La vie communautaire à Montpellier était riche et le soutien mutuel y était central. C'est dans cette communauté que je me suis intégré après ma libération du chantier de jeunesse, en début 1941. Cela a marqué un nouveau chapitre dans ma vie, un moment où je pouvais m'impliquer plus profondément dans la vie juive locale et où j'ai été aux premières loges pour constater les effets de la politique antisémite du régime de Vichy sur la communauté des réfugiés.

Lorsque je suis revenu à Montpellier en février 1941, la communauté des réfugiés juifs a été confrontée aux nouvelles réalités imposées par le régime de Vichy à travers le statut des Juifs. Pour beaucoup, en tant que réfugiés récemment arrivés et pas encore intégrés professionnellement dans la région, ces mesures n'ont pas eu un impact aussi direct que sur les professions plus établies comme les enseignants ou les fonctionnaires.

Néanmoins, l'une des conséquences les plus palpables du statut des Juifs fut l'introduction du numerus clausus dans les universités, qui a restreint l'accès à l'enseignement supérieur pour de nombreux étudiants juifs. Cet élément discriminatoire a créé des difficultés pour ceux qui souhaitaient entreprendre ou poursuivre leurs études et représentaient donc une part de l'avenir de la communauté juive.

Cependant, malgré ces contraintes, la résilience de la communauté juive de Montpellier était manifeste. La famille Winter, par exemple, qui avait eu une affaire de tissus à Strasbourg, a réussi à rouvrir un commerce et s'est efforcée de maintenir une certaine stabilité économique tout en offrant un soutien notable aux réfugiés juifs. Leur maison est devenue un point de rassemblement et un lieu de réconfort pour beaucoup.

Quant au mouvement des Éclaireurs Israélites (EI), il a continué à jour un rôle clé pour la jeunesse juive de la ville, avec Raymond Winter et ma sœur Simone s'impliquant dans le leadership des groupes d'éclaireurs et d'éclaireuses. Parallèlement, la Jeunesse Juive de Montpellier (JGM), dirigée par André Blum, également réfugié, témoignait de la détermination des jeunes malgré les restrictions imposées par le numerus clausus. André Blum lui-même avait réussi à s'inscrire en médecine à la faculté de Montpellier.

Dans ce contexte difficile, l'adaptabilité et le soutien communautaire étaient donc essentiels pour amoindrir les impacts des politiques antisémites et pour maintenir un lien social et culturel durable au sein de la population juive réfugiée.

Lors de la démobilisation des Chantiers de Jeunesse en janvier, je n'ai pas été particulièrement célébré ou honoré. On m'a simplement remis un certificat de libération et souhaité bonne chance pour la suite. Je me rappelle des mots du lieutenant qui m'avait exprimé son soutien personnel et proposé son aide si jamais j'en avais besoin. C'était un geste qui m'était destiné de sa part en tant qu'individu, et non pas représentatif d'une institution ou d'un sentiment général.

En ce qui concerne l'antisémitisme, je n'ai pas ressenti d'hostilité spécifique ou de discrimination ouverte dans le cadre des chantiers. À ma connaissance, j'étais le seul juif dans ma section qui comptait approximativement 120 personnes.

De retour à Montpellier, la question se posait de savoir quelle voie emprunter, surtout dans le contexte limité d'opportunités qui se présentait. La situation était complexe, avec des horizons professionnels et personnels incertains sous le régime de Vichy, tout particulièrement pour un jeune juif comme moi.

Chapitre 5

S'organiser sous Vichy

Après mon départ du chantier de jeunesse début 1941, j'étais confronté à un avenir incertain. Sans le baccalauréat, l'accès à l'enseignement supérieur m'était de toute façon barré, d'autant plus que les restrictions imposées par le régime de Vichy auraient rendu l'entrée à la faculté improbable pour un juif comme moi.

L'époque était troublée, marquée par des nouvelles de la guerre en Afrique du Nord et en Syrie. Les affrontements autour de Benghazi, avec leurs offensives et contre-offensives, captivaient notre attention et nous cherchions à suivre l'évolution du conflit avec les moyens d'information disponibles, malgré les censures.

Nous écoutions clandestinement la radio de Londres et la France Libre, des émissions qui étaient formellement interdites par le gouvernement de Vichy. En dépit du danger, dans notre cercle, l'écoute de ces bulletins à 9 heures du soir était devenue une routine, un moment sacré où nous nous tenions informés. Ces émissions nous apportaient des nouvelles du monde extérieur et représentaient un soutien moral, un lien avec les forces luttant contre l'occupation nazie.

Cependant, l'optimisme était tempéré par la réalité de la situation. Nous étions conscients que les Allemands étaient loin d'être en déroute ; au contraire, leur offensive contre l'Angleterre se poursuivait avec vigueur. Les journaux, contrôlés par les autorités de Vichy, relayaient cette propagande et nous devions lire entre les lignes pour tenter de comprendre ce qui se passait réellement.

Dans ce contexte, et malgré l'incertitude, nous cherchions à tenir bon, à trouver des moyens de continuer notre vie tout en espérant une issue favorable à cette période sombre de l'histoire.

Les informations que nous recevions par la radio, si elles offraient un aperçu de l'extérieur et un certain réconfort, ne suffisaient pas toujours à contrebalancer l'omniprésence de la guerre et ses conséquences sur notre quotidien. Nous savions que les enjeux étaient considérables et que l'issue de la guerre serait déterminante pour notre avenir.

Les journées s'articulaient essentiellement autour de la gestion des besoins de base et des restrictions imposées par l'occupant et le régime de Vichy. Notre préoccupation principale résidait dans la quête d'alimentation : les longues files d'attente pour obtenir des légumes et d'autres denrées, obtenir des tickets de pain et faire la queue pour le lait représentaient une part significative de notre temps.

Malgré ce contexte pesant, nous envisagions l'avenir avec espoir grâce à des perspectives d'émigration. Un oncle, frère de ma grand-mère, vivant aux États-Unis, était disposé à nous envoyer des affidavits, ces documents nécessaires pour entrer sur le territoire américain. Ainsi, mes parents ont commencé à envisager sérieusement l'option de l'émigration. En anticipation, je me suis consacré à l'apprentissage de l'anglais pour nous préparer à une éventuelle nouvelle vie loin de la guerre et des persécutions, dans l'espoir d'une sécurité et d'une stabilité retrouvées.

L'apprentissage de l'anglais était donc devenu l'un des principaux objectifs pour moi, autant pour ma formation personnelle que dans la perspective de l'émigration aux États-Unis, qui se dessinait comme un potentiel chemin vers la liberté. Mon père et moi avons entrepris plusieurs déplacements à Marseille pour visiter le consulat américain dans l'espoir de faire avancer notre dossier d'immigration, profitant du fait que les États-Unis n'étaient pas encore entrés en guerre et qu'un consulat était toujours opérationnel sur le sol français.

Cependant, l'obtention des affidavits et des visas nécessaires s'est avérée être un parcours semé d'embûches. Les démarches administratives étaient considérablement ralenties par la demande élevée et les procédures bureaucratiques. Les files d'attente étaient longues, et il n'était pas rare de devoir revenir un autre jour lorsque notre tour arrivait trop tard et que le consulat fermait ses portes.

Ce processus s'est étendu tout au long des années 1941 et 1942, et malheureusement, lorsque les affidavits sont finalement arrivés, c'était déjà trop tard. Le 8 novembre 1942, les Allemands avaient envahi la zone libre de la France et les restrictions de déplacement s'étaient intensifiées, rendant l'émigration impossible. Tous nos espoirs et nos efforts pour quitter la France s'étaient envolés face à l'avancée des troupes allemandes, et personne ne pouvait plus quitter le pays, que l'on possède un visa ou non. Tout ce à quoi nous nous étions attelés s'était avéré vain.

L'apprentissage des langues est devenu un aspect positif et durable de cette période d'incertitude. Même si nos plans d'émigration aux États-Unis ont avorté, l'anglais que j'ai appris à ce moment est resté avec moi. Avec l'espoir changeant et les visas tardant à arriver, l'espagnol est venu s'ajouter à mon apprentissage, nourrissant une nouvelle stratégie d'évasion : passer illégalement par l'Espagne pour rejoindre l'Angleterre et s'engager dans les Forces françaises libres du général de Gaulle. J'ai même commencé à enseigner l'espagnol à quelques élèves, me permettant de partager mes nouvelles compétences linguistiques.

Chapitre 6

Approfondissement du judaïsme

Cette période a aussi été marquée par un élargissement de ma compréhension du judaïsme. À Montpellier, j'ai découvert une communauté séfarade active qui pratiquait le culte dans un petit office, adapté à leur taille toute l'année. Ce cadre intime offrait un lieu où un compromis harmonieux entre séfarades et ashkénazes, ces derniers étant nouvellement arrivés, permettait une coexistence sereine.

Lors des grandes fêtes juives, les célébrations séfarades se faisaient distinctement, conformément à leurs traditions. Ils avaient leur propre office qui répondait à leurs besoins spécifiques. Cette découverte d'une autre manière de vivre le judaïsme que celle connue en Alsace ou à Strasbourg a enrichi ma vision de la religion et de la culture juive, ajoutant une nouvelle dimension à mon identité en tant que juif.

Pendant plusieurs mois, j'ai donc poursuivi ces cours de langues avec vigueur. J'ai aussi eu la chance de bénéficier de l'enseignement d'un Juif d'origine polonaise qui m'a transmis une connaissance approfondie de la grammaire hébraïque et de la langue hébraïque en elle-même. Des amis de mon âge qui partageaient ces intérêts et cet engouement pour l'apprentissage se sont joints à moi, et ensemble, nous avons développé une certaine aisance et une oreille pour la langue hébraïque, ce qui s'est avéré crucial pour ma capacité future à comprendre et à m'exprimer dans cette langue.

Cette période d'apprentissage linguistique intensif n'était pas seulement une acquisition de compétences pédagogiques, elle représentait aussi une réelle redécouverte et une affirmation de mon identité juive. Cela s'inscrivait dans un contexte où les questions identitaires étaient intrinsèquement liées aux événements historiques et à une conscience collective grandissante parmi les Juifs à travers le monde.

La question de savoir si cela relevait d'une orientation sioniste ou simplement d'une redécouverte de l'identité juive peut être difficile à démêler, car ces notions ont tendance à se superposer, surtout dans le contexte de l'époque. L'apprentissage de l'hébreu prenait une dimension symbolique et pratique, à la fois comme un moyen de se relier à une histoire et une culture millénaire, et éventuellement comme une préparation à l'usage futur de la langue dans un cadre sioniste, si l'opportunité ou la nécessité de l'aliyah (l'émigration en Palestine juive, qui deviendra plus tard Israël) devait se présenter.

Cette période fut marquée par une véritable révélation : je découvrais un autre visage du judaïsme, bien loin de celui que j'avais connu durant ma tendre enfance. J'ai rencontré des juifs repliés de Paris, d'origine polonaise, et surtout des juifs séfarades de l'ancienne communauté de Montpellier, pour la plupart d'origine salonicienne, c'est-à-dire de la ville de Thessalonique, en Grèce.

Quand je dis « séfarades », je dois préciser que ce terme ne fait pas référence ici aux juifs d'Afrique du Nord, bien qu'il soit couramment utilisé dans cette acception. Les séfarades dont je parle étaient issus d'un courant très spécifique de l'histoire juive, relié à l'Empire ottoman et aux échanges culturels du monde méditerranéen.

Une figure qui a particulièrement retenu mon attention fut celle d'Elie Cohen, un commerçant prospère de Montpellier. Comme beaucoup d'autres membres de cette communauté séfarade, il avait bénéficié de l'éducation offerte par l'Alliance israélite universelle, une organisation française qui avait créé un réseau d'écoles en faveur des juifs de l'Orient. Ainsi, en dépit de leurs origines orientales, ces juifs étaient parfaitement francophones et parfaitement intégrés à la vie française locale.

En me confrontant à ces différentes facettes du judaïsme, j'ai réalisé à quel point mon expérience de la vie juive, comme juif d'Alsace, était à la fois spécifique et limitée. Nos vies étaient principalement centrées sur notre intégration en tant que juifs français dans une région particulière de la France. Sur le yiddish parlé à la maison ou lors des rassemblements communautaires, sur les traditions et rites particuliers pratiqués lors des fêtes religieuses.

En revanche, la vie juive des personnes originaires d'Europe de l'Est semblait beaucoup plus ancrée dans une conscience juive globale, plus indépendante du contexte national ou régional. Leur identité juive était au cœur de leur existence, pas seulement une composante parmi d'autres.

J'ai rencontré des personnalités fascinantes parmi eux, comme le magistrat Gnoun, qui avait perdu son emploi par suite de l'application du statut des juifs, ou encore le président Uziel, un nom typiquement séfarade de Salonique.

Mais plus qu'un choc culturel, cette rencontre avec d'autres formes de judaïsme a aussi été un réveil spirituel et intellectuel pour moi. Pour la première fois, j'ai pris conscience de l'étendue de ma propre ignorance en matière de judaïsme. Cela a suscité en moi un désir profond d'apprendre et de creuser plus profondément dans l'histoire et la culture juives.

C'est le rabbin Schilli qui, par sa patience et son ouverture, a suscité en moi cette envie d'apprendre. Cela a marqué un tournant dans mon parcours, un moment où j'ai commencé à m'ouvrir à des horizons bien plus larges.

Chaque samedi soir, nous nous réunissions avec le groupe de la Jeunesse juive de Montpellier, et le dimanche, nous partions pour des sorties en groupe. À tour de rôle, nous étions chargés de réaliser des exposés sur différents sujets. On m'a demandé de faire un exposé sur Maïmonide. J'ai consulté la bibliothèque et j'ai trouvé le livre de Munk sur Maïmonide, un ouvrage en français du siècle dernier. La préparation de cet exposé, bien qu'il ait été très maladroit et très basique, m'a permis de découvrir Maïmonide et de m'ouvrir à un tout autre aspect du judaïsme.

Bien évidemment, nous discutions également de la Palestine, du sionisme et d'un ensemble d'autres sujets relatifs au monde juif. Cela nous a aidés à élargir nos horizons et à mieux comprendre l'étendue et la complexité de l'expérience juive.

39

Chapitre 7

Apprendre à fabriquer des chaussures

Il faut également noter qu'à Montpellier, il y avait un groupe de jeunes sionistes. Cependant, la Jeunesse juive de Montpellier rassemblait un peu toutes les tendances et constituait un microcosme de la diversité juive. Ces années ont été fondamentales pour former la base de ma conscience juive et nourrir mon désir d'apprendre davantage sur la culture et l'histoire juives.

Ainsi, chaque groupe avait ses propres activités particulières, mais ils participaient également aux activités de la Jeunesse juive de Montpellier. Cela créait une certaine forme d'unité, ce qui était extrêmement positif. Cependant, cela ne suffisait pas pour éclairer la direction que devait prendre mon avenir.

Avec les conseils et l'accord de mes parents, j'ai alors décidé d'intégrer l'école professionnelle de Romand, dans la Drôme, pour y apprendre la fabrication manuelle de chaussures. Compte tenu de l'incapacité des juifs à accéder aux études ou au commerce en raison des restrictions mises en place par le statut des juifs, il semblait nécessaire de trouver un moyen de gagner sa vie. Personne ne savait combien de temps la guerre durerait, ni pendant combien de temps le statut des juifs serait en vigueur. Par conséquent, il était important de se préparer à l'avenir et de développer des compétences et un savoir-faire qui seraient utiles, quelles que soient les circonstances.

C'est donc cette solution qui a finalement été adoptée. Le 1er janvier 1942, je suis parti pour Romans, dans la Drôme. La famille de mon cousin, Hubert Hallel, résidait alors à Montélimar. Après avoir quitté Gérardmer à la suite de la débâcle, ils avaient séjourné quelques mois à Paris avant de s'installer à Montélimar. Pendant six mois, nous avons appris à fabriquer des chaussures à la main, c'est-à-dire l'art de la cordonnerie, avec le fil poissé et la confection de chaussures à partir de morceaux de cuir.

En été 1942, j'ai pris contact avec une fabrique de chaussures située à La Tour-du-Pin, qui avait été un fournisseur de mon père, pour voir si je pouvais faire un stage de deux mois dans leur entreprise. Mon intention était alors de continuer mon apprentissage de la cordonnerie à l'école de Nîmes.

À Nîmes, proche de Montpellier, j'ai commencé un chapitre important de ma vie : mon apprentissage dans l'art de la chaussure. C'était une école professionnelle doublée d'un atelier de fabrication à la machine. J'avais choisi ce lieu pour m'initier aux machines, une usine située à la Tour-du-Pin, dans l'Isère. L'été de 1942, j'y ai passé deux mois, une période cruciale et formatrice.

Là-bas, je ne fabriquais pas des chaussures finies, mais plutôt des ébauches, des prototypes. Mes journées étaient consacrées à apprendre les bases : couper les semelles avec précision grâce au tranchet, préparer minutieusement la rainure pour la couture, faire des trous avec le poinçon pour le passage du fil poissé. Chaque geste était un apprentissage fondamental, me dotant d'un savoir-faire artisanal précieux.

Bien que cet apprentissage soit extrêmement enrichissant, je me questionnais souvent sur la direction que prendrait cette voie. Était-ce une fin en soi ou simplement une étape vers quelque chose de plus grand ? Malgré ces interrogations, je savais au fond de moi que ces compétences, ces moments passés à façonner les ébauches de chaussures, allaient forger une partie de mon identité et de mon parcours.

C'était l'été 1942. À cette époque, en France, les premières rafles d'étrangers avaient commencé. Nous étions directement concernés. Lorsque je suis rentré à Montpellier, en fin août 1942, ces rafles avaient déjà eu lieu. Beaucoup de Juifs avaient été arrêtés, même si certains avaient réussi à se cacher. Je me souviens d'un événement en particulier

: un voyage au camp de concentration, ou plutôt au camp de rassemblement d'Agde, situé à une trentaine, quarantaine de kilomètres de Montpellier. On nous avait demandé de collecter de la nourriture auprès des membres de notre communauté - biscuits, fruits secs, chocolat, tout ce qui était possible - pour l'apporter aux internés au camp d'Agde.

Le rabbin Schilly nous avait organisé, à quelques jeunes et moi, une visite aux internés du camp d'Agde. L'une des images les plus marquantes de cette visite, que je n'oublierai jamais, était celle d'un train prêt à partir pour Drancy. À la porte d'un wagon, un homme que je reconnaissais des offices à Montpellier se tenait debout, enveloppé dans son Talit, avec des Tfilin sur la tête, en pleine prière. Cette image est gravée dans ma mémoire.

Nous avons distribué les aliments que nous avions apportés. À ce moment-là, nous ignorions encore tout de la "solution finale", mais nous savions que le sort réservé à ces personnes emmenées ne serait pas enviable. Nous ne savions pas qui reviendrait ni dans quel état les survivants reviendraient.

Nos actions, telles que les collectes et les visites au camp d'Agde, n'étaient pas limitées au contexte de la Grande Rafle. Elles faisaient partie d'un effort plus large, impliquant divers organismes et individus. Les activités dans les camps comme Agde, Rivesaltes, et Gurs étaient organisées par plusieurs entités, notamment l'OSE (Œuvre de Secours aux Enfants) et d'autres organismes dédiés à l'aide. Parmi les figures marquantes, il y avait l'aumônerie des camps, le grand rabbin Hirschler, qui a été déporté, et le grand rabbin Schilli, tous deux très actifs dans ce travail.

Quant à notre groupe d'études de Montpellier, nous n'étions pas impliqués en tant que groupe formel. Il n'y avait pas de cloisonnement strict dans nos actions ; quand un besoin se présentait, on faisait appel à tous ceux qui pouvaient aider. Ainsi, les personnes disponibles et désireuses de participer le faisaient, sans distinction d'appartenance à un groupe ou à un autre.

Je n'ai pas rencontré personnellement des évadés des camps d'Agde ou de Gurs. Généralement, ceux qui parvenaient à s'échapper de ces camps étaient immédiatement cachés dans des lieux éloignés des villes pour des raisons de sécurité.

Un acteur-clé dans la libération de personnes des camps fut le rabbin Richelieu. Il avait des contacts influents, notamment grâce à sa connaissance d'un certain Camille Ernst, secrétaire général de la préfecture de Montpellier. Ernst, homme d'un dévouement remarquable, a joué un rôle crucial dans l'obtention de nombreuses libérations de ces camps, qui relevaient de sa juridiction administrative. Grâce à ses efforts, de nombreuses personnes, particulièrement des Juifs, ont pu être libérées et lui doivent leur vie.

Sa contribution exceptionnelle a été reconnue en 1972, quand il a été honoré à Yad Vashem, le Mémorial de l'Holocauste à Jérusalem, avec la médaille des Justes parmi les Nations pour son aide précieuse et son courage.

J'avais conscience que les rafles visaient principalement les Juifs étrangers, mais la situation nous concernait tous. À Montpellier, de nombreux Juifs étrangers étaient cachés. Ma première implication dans les activités clandestines remonte à septembre 1942, lorsque j'ai commencé à apporter de la nourriture à des Juifs cachés.

Chapitre 8

Début des activités clandestines

À cette époque, l'activité clandestine commençait tout juste à s'organiser. Raymond Winter, le responsable des Éclaireurs Israélites (EI), était déjà impliqué dans la fourniture de fausses cartes d'identité pour ceux qui se cachaient. C'était le début de cette activité dans notre secteur.

Ces efforts dépendaient de la 6ème direction des EI, qui faisait partie de la structure plus large des œuvres juives. Cette 6ème direction avait la charge de l'éducation, et elle a servi, du moins nominalement, de couverture pour les activités clandestines des EI. Ces activités étaient cruciales pour aider et protéger ceux qui étaient en danger à cause des politiques de l'époque.

La "sixième" faisait partie des Éclaireurs Israélites (EI) et était un organisme de résistance créé et animé par eux. Parallèlement à leurs activités de résistance, les EI géraient un réseau de fermes-écoles visant à fournir une éducation, un aspect souvent mentionné dans la littérature sur cette période.

Concernant la distribution de nourriture ou l'aide aux réfugiés cachés, mon rôle consistait à récupérer des bidons de nourriture préparés dans un endroit spécifique, puis à les porter jusqu'aux cachettes des Juifs en fuite. Je devais aussi transmettre des messages ou des demandes des responsables qui géraient ces cachettes. Ce travail était une part essentielle de l'aide apportée à ceux qui étaient cachés, leur permettant de rester hors de vue tout en recevant le soutien nécessaire pour survivre dans ces temps difficiles.

J'avais des adresses précises. Le nombre de personnes à qui je fournissais de la nourriture n'était pas très élevé ; personnellement, j'étais responsable de trois personnes à qui j'apportais à manger pendant quelques jours avant mon départ pour Nîmes. Ensuite, j'ai transmis mes responsabilités à une autre personne qui a pris le relais.

Il existait une organisation centrale, dont je ne me souviens plus des détails, qui était en charge de trouver les ingrédients nécessaires, de préparer les repas, et de les rendre prêts à être distribués. Mon rôle était simplement de récupérer ces repas préparés et de les apporter aux personnes cachées.

Pour ma part, je suis parti début octobre pour Nîmes, afin de rejoindre l'école de fabrication de chaussures. Cela marquait un tournant dans mon engagement durant cette période.

À Nîmes, où je suis allé ensuite, l'année scolaire avait déjà commencé. Mon expérience là-bas était une nouvelle étape dans mon parcours durant cette période.

Le 8 novembre 1942 marque un tournant crucial : le débarquement allié en Afrique du Nord. Suite à cet événement, les Allemands ont envahi la zone sud de la France, qui jusque-là offrait une relative protection aux Juifs français. Cette invasion a changé la donne, nous mettant directement en danger face à la présence allemande et à la Gestapo.

Face à cette nouvelle menace, j'ai immédiatement quitté Nîmes pour retourner à Montpellier. Là, une question urgente se posait : que faire désormais ? La conclusion fut qu'il fallait tenter de fuir vers l'Espagne avant que les Allemands n'atteignent la frontière. Raymond Winter, que j'ai mentionné précédemment, connaissait un passeur qui pouvait nous aider.

Ainsi, le matin du 8 novembre, je suis rentré à Montpellier, et seulement trois heures plus tard, nous étions déjà dans un train en direction de Perpignan, prêts à entreprendre notre tentative de passage vers l'Espagne, cherchant à échapper à l'occupation allemande.

Raymond Winter, André Blum (étudiant en médecine), moi-même, ainsi que un ou deux autres jeunes dont les noms m'échappent, avons formé un petit groupe dans cette tentative de fuite.

Notre arrivée à Perpignan coïncidait malheureusement avec l'arrivée des troupes allemandes. Le passeur, dont Raymond Winter avait l'adresse, était introuvable.

Face à cette situation délicate et à l'incertitude de trouver un autre passeur fiable et sûr, nous avons pris la décision de ne pas poursuivre notre tentative de passage en Espagne. Nous avons donc choisi de retourner à Montpellier, acceptant cet échec.

Cette tentative de fuite était une initiative totalement privée, sans lien avec une quelconque organisation ou mouvement. Pour anecdote, durant notre court séjour à Perpignan, nous avons visité mes cousins qui y résidaient encore. Nous avons eu l'occasion de partager un petit repas du soir avec eux et de nous rafraîchir avant de prendre le train de nuit pour retourner à Nîmes. C'était un moment de répit dans une période marquée par l'incertitude et le danger.

Effectivement, lors de notre séjour à Perpignan, nous n'avons pas tenté d'autres démarches pour trouver un passeur. Nous manquions d'informations et de contacts sur place. De plus, étant étrangers à Perpignan, nous ne disposions pas de connaissances locales qui auraient pu nous aider. J'ai même demandé à mon cousin s'il connaissait quelqu'un, mais il ne pouvait pas nous aider.

Il était essentiel d'avoir une adresse fiable et des garanties de sécurité. Sans cela, le risque était trop élevé de tomber sur une personne peu scrupuleuse qui pourrait nous livrer directement à la police. Malheureusement, de nombreuses tentatives de passage vers l'Espagne se sont soldées par des arrestations, des emprisonnements, voire des transferts vers le camp de Drancy, souvent après avoir subi des tortures.

Dans ce contexte, notre décision de ne pas poursuivre notre tentative et de retourner à Montpellier, puis à Nîmes, bien que triste, fut probablement la plus sage. La situation était extrêmement périlleuse et il était crucial de ne pas agir précipitamment sans garanties de sécurité.

Au sujet des prisonniers de guerre français en Allemagne pendant la Seconde Guerre mondiale, il y avait notamment les Juifs parmi eux. En effet, environ un million de soldats français, dont un nombre significatif de Juifs, étaient détenus en tant que prisonniers de guerre.

Ce qui est remarquable, et presque inexplicable, c'est que ces Juifs, bien qu'en uniforme français et détenus dans les camps de prisonniers en Allemagne, ont survécu aux cinq années de régime hitlérien sans subir de persécutions spécifiques en tant que Juifs. Ils sont généralement rentrés chez eux en bonne santé et en bon état. Cette situation est exceptionnelle et déroutante, car elle diffère nettement du sort tragique subi par la majorité des Juifs sous le régime nazi.

Cette anomalie, qui reste largement inexpliquée, est considérée par beaucoup comme un événement miraculeux au sein d'une période marquée par une grande brutalité et une persécution intense des Juifs. Il n'y a pas d'explication claire à cette "anomalie bienfaisante", ce qui ajoute une couche de mystère à l'histoire complexe et souvent sombre de cette époque.

Parmi les nombreux prisonniers de guerre juifs, j'avais trois cousins, trois frères. L'un d'eux a eu la chance de se faire rapatrier en 1942 et a pu retrouver sa famille, tandis que les deux autres sont restés captifs jusqu'à la fin de la guerre. Ces prisonniers avaient la possibilité de recevoir des colis de la part de leurs familles, grâce à des fiches d'adresse qu'ils leur envoyaient. Ces colis étaient un soutien crucial pour eux pendant leur captivité, et leur famille a fait de son mieux pour envoyer tout ce qui était possible.

En 1942, il y a eu également l'obligation imposée aux Juifs de se présenter au commissariat de police pour faire apposer un cachet "Juif" sur leurs cartes d'identité. En raison d'un manque de cachets officiels, certains endroits utilisaient une inscription manuelle, comme cela est visible sur ma propre carte d'identité. Cette mesure était une autre manifestation de l'horreur et de la discrimination systématique que les Juifs devaient subir à cette époque, un rappel tangible de l'oppression subie sous le régime nazi et de la collaboration de l'administration française.

À Nîmes, au début de l'hiver 1942, ma vie s'articulait autour de plusieurs activités. Bien sûr, il y avait l'apprentissage à l'école de fabrication de chaussures, qui, bien que peu anecdotique, faisait partie de mon quotidien. En parallèle, je participais activement au mouvement de jeunesse, ce qui constituait une autre facette importante de ma vie à cette période.

Un aspect particulièrement enrichissant de mon séjour à Nîmes fut ma rencontre avec le rabbin Soal. Grâce à lui, j'ai eu l'opportunité de poursuivre mes études et de me perfectionner dans divers domaines des études juives. En particulier, le rabbin Soal m'a enseigné la liturgie des fêtes, un aspect de la pratique et de la culture juives qui m'intéressait beaucoup.

Cette période à Nîmes, malgré le contexte difficile de la guerre et l'occupation, représentait donc un moment de croissance personnelle et d'engagement dans mes études et dans la vie communautaire juive.

Avant mon séjour à Nîmes, à Montpellier, nous avions un hazan (chantre) remarquable, issu de la petite communauté d'Insvillers en Alsace. Son nom était Monsieur Roth. Il jouait un rôle important dans notre communauté, notamment en enseignant la tefilah (prière) à un groupe de jeunes, dont je faisais partie.

Monsieur Roth nous a transmis les fondements de la tefilah de manière approfondie et méthodique. Grâce à cet apprentissage, ceux d'entre nous qui ont eu le privilège de suivre ses cours ont pu, à leur tour, enseigner la prière à d'autres élèves. Son enseignement ne se limitait pas à la simple récitation des prières ; il impliquait une compréhension plus profonde de leur signification et de leur rôle dans notre pratique religieuse.

Monsieur Roth était également impliqué dans la vie musicale de la communauté. Il avait organisé une petite chorale pour accompagner les célébrations des fêtes, où lui et son père, également hazan, dirigeaient l'exécution des tefilot. Cette expérience a non seulement enrichi ma compréhension de la liturgie juive, mais a aussi créé un sentiment de communauté et de partage autour de la tradition et de la culture juives à Montpellier.

Lorsque j'ai dû me présenter à la préfecture pour faire apposer le tampon "Juif" sur ma carte d'identité, je me souviens d'un sentiment profondément désagréable. La nature exacte de mes émotions à ce moment-là est difficile à exprimer, mais c'était une expérience loin d'être agréable.

Consciemment, j'ai rapidement réagi à cette situation en déclarant ma carte d'identité perdue. Cela m'a permis d'en obtenir une nouvelle, sans le tampon "Juif". Cette nouvelle carte est devenue mon principal document d'identification pour mes déplacements. Je n'ai jamais utilisé ni montré la carte marquée du tampon "Juif".

Cette stratégie était une manière de naviguer dans un contexte où la stigmatisation et les dangers étaient omniprésents pour les Juifs. Elle reflète les défis quotidiens auxquels nous devions faire face et les mesures que nous devions prendre pour préserver notre sécurité dans la mesure du possible.

Durant l'hiver à Nîmes, malgré la présence allemande et le couvre-feu imposé chaque soir, la vie se déroulait relativement calmement. Un élément marquant de cette période fut la présence du grand rabbin Ernest Weil, Zerech Tzadik Livracha, de Réguisheim. Dans son grand appartement, il organisait chaque matin une tefila (prière).

Je me souviens clairement que mon cousin Hubert et moi participions régulièrement à ces prières matinales chez le grand rabbin Ernest Weil. Ces moments étaient spéciaux, réunissant une chambrée de Juifs de toutes origines. C'était une période où la communauté juive, malgré les circonstances difficiles, trouvait un moyen de se rassembler et de maintenir ses traditions et pratiques.

J'avais appris à lire certains éléments de la Torah et, au sein des jeunes, nous organisions une tefila pour le Shabbat après-midi. Ces réunions me donnaient l'opportunité de mettre en pratique mes connaissances acquises. C'était important pour moi, car cela me permettait de contribuer à la vie religieuse de notre communauté et de renforcer mon lien avec ma foi et ma culture en ces temps incertains.

Concernant la notion de "hazara b'tchouva" (retour à la foi), je ne qualifierais pas mon expérience à Nîmes de hazara b'tchouva au sens strict. Plutôt, je la considérerais comme un processus d'acquisition de connaissances qui a naturellement conduit à une évolution dans ma pratique et mon comportement.

Ce processus était plus qu'une simple acquisition de connaissances théoriques. Il impliquait une application pratique de ce que j'apprenais. Cela a affecté la façon dont je vivais ma foi au quotidien, bien que je n'observasse pas toutes les mitzvot (commandements). C'était un chemin graduel vers une plus grande observance et une compréhension plus profonde de ma religion et de ses pratiques.

En ce sens, ce que j'ai vécu était une accession à la connaissance religieuse, accompagnée d'un engagement croissant envers les pratiques et les traditions juives. C'était un cheminement personnel vers une pratique religieuse plus approfondie et engagée, influencé par les circonstances et l'environnement dans lequel je me trouvais à l'époque.

En ce printemps de 1943, je me trouvais confronté à une mission délicate. Jean-Jacques Rhein, le responsable de la 6e section à Nîmes, m'avait abordé pour une tâche particulière. Il s'agissait d'escorter deux jeunes, un garçon et une fille, étrangers à notre pays et ne parlant que très peu le français. Ils avaient reçu des faux papiers, attestant d'une identité non juive. Cette précaution était devenue nécessaire à Nice et dans les alentours, à la suite d'un changement surprenant et imprévu.

La situation avait radicalement évolué quand les Allemands avaient franchi la zone libre le 8 novembre 1942. Dans cette nouvelle configuration, les Italiens contrôlaient une portion de la zone, s'étendant du Rhône jusqu'aux Alpes. Notre voyage vers Nice, alors sous occupation italienne, était empreint d'incertitude et de dangers.

51

Chapitre 9

Nice et la clandestinité

La zone que nous devions traverser était essentiellement sous le contrôle de l'armée italienne. Pendant ce temps, les Allemands maintenaient leur emprise sur la frontière suisse et la région de Marseille, bien que l'influence italienne débutât un peu à l'est de Marseille, après Toulon, englobant notamment Nice.

Ce qui distinguait particulièrement les Italiens dans ce contexte, c'était leur attitude envers les Juifs. Contrairement aux Allemands et à la police française, ils offraient une forme de protection. Cette politique avait créé un refuge, attirant de nombreux Juifs menacés vers cette zone de sécurité, qui incluait Nice et ses environs, ainsi que d'autres régions comme Grenoble, Megève et Saint-Gervais.

Ce havre semblait presque irréel dans le chaos de la guerre, mais il était devenu une lueur d'espoir pour beaucoup. Je savais que notre voyage vers cette zone, bien que semé d'embûches, était vital pour la sécurité de ces deux jeunes que j'accompagnais. Bientôt, je partagerai davantage sur notre périple vers ces villes, notamment Saint-Gervais.

J'ai voyagé en train avec ces deux jeunes, traversant une zone contrôlée par les Allemands, un passage dangereux entre Marseille et Aubagne. Heureusement, le contrôle s'est déroulé sans incident majeur. À notre arrivée à Nice, j'avais en main une adresse précise, le 30 boulevard Dubouchage. Là, j'ai été confronté à un spectacle totalement nouveau pour moi. Des groupes de Juifs se rassemblaient dans la rue, parlant yiddish et animés de vives discussions. L'endroit, une synagogue, bourdonnait d'une activité intense. Le propriétaire, mécontent de cette agitation, avait reproché aux dirigeants de transformer ce lieu de prière en une sorte de gare. C'était en effet un point de ralliement pour les Juifs arrivant à Nice.

La ville elle-même m'a séduit. C'était le printemps, et Nice déployait toute sa beauté. Là, j'ai commencé à envisager la possibilité de ne pas passer mes vieux jours à Nîmes, attiré par le charme et la vitalité de cette nouvelle ville. De retour à Nîmes, j'ai été confronté à une nouvelle tâche. La communauté juive locale avait besoin de matzot, ces pains azymes traditionnels de la Pâque juive, introuvables à Nîmes mais disponibles à Nice. Ayant déjà voyagé à Nice, on m'a demandé d'y retourner pour en ramener.

Avant de poursuivre, je dois revenir un peu en arrière. Après le 8 novembre 1942, avec l'occupation de la zone libre par les Allemands, la situation à Nîmes, en particulier pour les réfugiés juifs, est devenue précaire. La peur s'est emparée de la communauté. Beaucoup ont fui, y compris mes parents. Ils ont quitté la ville avec des voisins, se réfugiant dans un camion pour rejoindre un petit village de l'Aveyron nommé Camarès.

Ces événements ont marqué un tournant dans la vie de notre petite communauté. Face à ces bouleversements, je me suis retrouvé à jongler entre mes responsabilités à Nîmes et mes voyages à Nice, témoignant de l'incertitude et de la précarité de cette époque. Mes parents et ma sœur, confrontés à la nécessité de fuir, ont emporté autant de leurs affaires qu'ils le pouvaient. Ils ont trouvé refuge à Camarès, dans l'Aveyron, où ils ont loué un petit meublé. Là-bas, ils n'étaient pas seuls ; d'autres familles juives s'y étaient installées, certaines ayant fui en même temps qu'eux. À l'approche de la Pâque, ces familles, tout comme celles de Nîmes, avaient besoin de matzot.

Dans ce contexte, j'ai eu la responsabilité de me procurer des matzot pour eux. Je suis donc retourné à Nice, achetant ces pains azymes dans une grande corbeille en osier. Le voyage de retour s'est passé sans difficulté, me permettant de distribuer les matzot à la communauté de Nîmes. De plus, j'avais préparé un colis spécifique pour les Juifs de Camarès, que j'ai également réussi à leur livrer.

Ces efforts pour fournir des matzot étaient bien plus qu'un simple geste de solidarité ; ils représentaient un lien vital avec les traditions et une forme de résistance face à un monde en plein bouleversement. J'avais tiré profit de ma présence à Nice, durant ce que j'appelle "le séjour matzot", pour chercher un emploi dans une usine de chaussures.

J'ai eu la chance de trouver un poste de monteur de chaussures chez un certain Monsieur Mario Simon, rue Ribotti. Il espérait que je commence sur-le-champ, cependant je lui ai expliqué avoir des engagements en cours. Je lui ai alors promis d'être de retour pour la fin du mois d'avril. Ainsi, après la fête juive de Pessah, je suis retourné à Nîmes pour regrouper mes affaires, puis je suis allé à Nice. J'ai loué une chambre meublée chez deux vieilles dames sur l'avenue Desambrois. J'ai débuté mon travail chez Mario Simon, montant des chaussures à la main et martelant des clous. C'est donc ainsi que mon séjour à Nice a commencé.

À Nice, naturellement, j'ai commencé à rechercher des contacts au sein de la communauté juive. Ce ne fut pas trop difficile. La plupart des activités se déroulaient à "Dubouchage". En réalité, c'était un véritable paradis. Lorsqu'un Juif était arrêté par la police française, un appel téléphonique était passé par le responsable du bureau à l'officier militaire italien qui ordonnait immédiatement sa libération. Même la milice ne pouvait pas faire de mal. À Nice, il y avait beaucoup d'activités organisées par les mouvements de jeunesse juive. D'une part, il y avait les Éclaireurs Israélites de France et le mouvement des jeunesses sionistes. La collaboration entre ces deux groupes était très harmonieuse et étroite. J'ai rejoint les EIF à cette époque mais je participais aussi aux réunions du mouvement de la jeunesse sioniste. Nous chantions beaucoup, et nous échangions sur les nouvelles que nous pouvions recueillir de la Palestine.

J'ai commencé mon activité avec le Keren Kayemeth LeIsrael (KKL) à Nice, vers mai-juin 1943. Les Éclaireurs Israélites de France et les mouvements de jeunesse sioniste avaient lancé un projet de plantation d'arbres en Palestine. On nous a demandé de collecter de l'argent pour cette cause. J'ai réussi à lever suffisamment de fonds pour planter cinq arbres, ce dont j'étais très fier. C'est pour vous montrer à quel point les choses étaient extrêmement complexes. À cette époque, Joseph Fischer, l'une des figures de proue du KKL, vivait à Nice. Il a joué un rôle très important dans la transmission des fonds du Joint Distribution Committee (JDC). C'est à ce moment-là que je l'ai rencontré, très brièvement, car j'étais alors un jeune homme plutôt insignifiant. Nous nous retrouverions plus tard. Toutes ces activités ont bien sûr eu un impact énorme sur ceux qui, comme moi, évoluaient dans ce milieu à l'époque. J'ai également participé à un camp d'été des EEIF près du col d'Allos.

En effet, je suis retourné à Nice alors que les événements prenaient un tournant décisif. L'annonce de l'armistice entre l'Italie de Badoglio et les Alliés a engendré une forte anarchie et une instabilité. Les Italiens en place avaient cessé de protéger les juifs, laissant une part d'insécurité peser sur nous tous. C'est pendant cette période trouble que j'ai réalisé à quel point nous étions vulnérables. Cette perception de notre vulnérabilité et de l'augmentation imminente du danger a contribué à intensifier mes efforts pour rejoindre mes parents à Aix-les-Bains, où l'activité juive était encore forte à cette époque. Néanmoins, mon retour à Nice et par conséquent la menace grandissante a marqué une étape importante dans mon parcours et dans ma compréhension de la guerre et du sort des juifs en Europe.

Pendant que je vivais à Nice à l'époque, je n'étais pas pleinement conscient de l'ampleur des activités menées à la rue Dubouchage. Je savais qu'il y avait une activité juive importante, mais les détails, les noms des personnes impliquées et l'étendue réelle de leurs efforts m'étaient largement inconnus. Ce n'est que plus tard, après la guerre, que j'ai appris leur véritable importance et leurs rôles précis, ce qui m'a fait prendre conscience de la véritable envergure de leur travail sous l'Occupation.

Á Nice existait déjà une activité clandestine visant à aider les jeunes juifs. Celle-ci était organisée conjointement par les Éclaireurs Israélites de France (EIF) et le MJS (Mouvement de la Jeunesse Sioniste). Les responsables de ces deux groupes, Jacques et Léa Weintraub pour le MJS, Jacques Marburger et Jeannette Ewselmann pour les EIF, avaient déjà aidé de nombreux jeunes juifs étrangers menacés à se mettre à l'abri.

Nous voilà maintenant en septembre, au moment de l'armistice, lorsque les troupes allemandes envahissent la zone italienne. Les Italiens, ne quittant pas assez rapidement la place, sont expulsés violemment par les Allemands. Mais avant même que les troupes allemandes arrivent, un commando de la Gestapo, à bord de voitures de traction avant noires, est arrivé à Nice et a commencé une chasse aux Juifs sans merci. Le contexte est devenu de plus en plus dangereux, transformant nos vies et nos activités quotidiennes.

En effet, dans la zone italienne, à Megève et à Saint-Gervais, ont été instaurées des résidences forcées pour les Juifs étrangers. Lorsque l'armistice a été signé et que les Italiens ont quitté l'endroit, les autorités italiennes, avec qui ces Juifs étaient en contact, leur ont conseillé de les suivre à Nice, d'où ils seraient emmenés en Italie pour trouver refuge. Toutes ces familles se sont alors précipitées dans des autobus pour arriver à Nice, où elles ont occupé des résidences meublées et des hôtels.

Il est facile d'imaginer combien il était aisé pour les Allemands d'arrêter ces Juifs sous ces conditions. En plus des nombreux réfugiés déjà présents à Nice, la ville était submergée de nouveaux arrivants. Les Allemands ont procédé en deux temps pour arrêter ces personnes. Au départ, ils se sont attaqués aux hôtels, où l'arrestation de Juifs sans papiers adéquats était facile. Même ceux qui possédaient de faux documents étaient facilement repérables de par leur accent et leur apparence physique. Pour faciliter la tâche, les Allemands étaient accompagnés de Français capables de distinguer les accents étrangers.

Les tractions avant noires des Allemands sillonnaient les rues de Nice et lorsqu'ils repéraient une personne au physique suspect, surtout un homme, ils s'arrêtaient. Ils emmenaient alors l'homme dans une porte cochère, lui faisaient baisser son pantalon et vérifiaient s'il était juif ou non. Les papiers pouvaient être falsifiés, mais leur méthode était infaillible.

Les Allemands prenaient le contrôle d'endroits en apparence sûrs - des cinémas où les gens pensaient pouvoir se cacher car ils n'étaient pas dans la rue, des restaurants et des quartiers où les juifs s'étaient installés. L'endroit le plus notoire était ce qu'on appelait le Quartier des Musiciens, qui comprenait la rue Rossini et ses alentours. Ces rues étaient remplies d'appartements meublés remplis de juifs. Les Allemands ont rapidement compris où ils devaient chercher les juifs.

Une fois arrêtés, les Juifs étaient rassemblés à l'hôtel Excelsior, près de la gare. De là, ils étaient envoyés presque quotidiennement à Drancy dans des convois. Le bureau de l'UGIF, qui servait de centre d'aide pour les Juifs nécessiteux, a été transformé en piège. Les Allemands ont forcé le directeur, un dénommé Guggenheim, à rester sur place. Les gens qui venaient chercher de l'aide, n'ayant plus d'argent pour se nourrir, étaient arrêtés sur-le-champ.

Le grand rabbin de Nice, le rabbin Pruner, a été arrêté lors d'un enterrement au cimetière. Toutes les personnes présentes ont été déportées en même temps que lui. Il s'agissait d'une véritable chasse aux juifs, menée avec une efficacité redoutable. Les allemands n'étaient guidés par aucune forme d'éthique ou d'humanité dans leurs actions.

Nos efforts de Dubouchage constituaient notre réponse immédiate aux besoins urgents, une réponse qui prenait fin. Cette entraide était alimentée par de nombreuses petites actions et soutenue financièrement par des organismes tels que la Fédération des Sociétés Juives de France, qui fournissait des subsides et, quand possible, des faux papiers à ceux qui en avaient besoin. Ces gestes, bien que peu formalisés, représentaient une activité vitale dans le tumulte de l'époque.

Cette précieuse assistance, toutefois, a cessé, laissant un vide pour ceux habitués à compter sur ce soutien. Dans les rues, les gens cherchaient en vain un support, une direction, quelqu'un vers qui se tourner. Ce fut une période de désorientation profonde où les structures habituelles s'étaient évanouies. Malgré les défis, une forme d'organisation a émergé, bien que je ne puisse pas décrire exactement comment cela s'est produit. Ce que je me rappelle clairement, c'est cette réunion, tenue le 13 septembre à l'Hôtel Chardonnens à Nice, où les aînés des mouvements de jeunesse se sont rencontrés. Nous devions décider de notre prochain plan d'action.

Nous étions environ vingt, unis par la nécessité de répondre à cette crise. Là, lors de cette réunion, les responsabilités ont été allouées, chacun se voyant confier une tâche spécifique.

Les Weintraub faisaient partie du groupe. Pour l'organisation des EI, Claude Guttmann et Griffon étaient présents, ce dernier ayant reçu la charge de diriger la 6e à Nice. C'est eux qui ont endossé la responsabilité des activités qui se mettaient en place. Léa Weintraub partagea un souvenir marquant, issu des premiers jours de l'occupation allemande : alors qu'elle marchait dans la rue, un homme juif l'aborda. Il lui confia son intention d'aider les juifs. Cet homme était Maurice Loebenberg. Par un concours de circonstances tout à fait fortuit, Maurice, qui prit ensuite le nom de Maurice Cachoud selon sa fausse identité, fut impliqué dès le début dans les actions entreprises.

La suite des événements prit une tournure tragique avec l'arrestation de Claude Guttmann. Il fut capturé dans un monastère situé rue François Grosso, suite à une dénonciation qu'on soupçonne être l'œuvre d'une agente double nommée Anne-Marie Kielissi. Celle-ci, connue pour fournir de faux papiers, avait des relations avec un commissaire de police de Marseille et délivrait des cartes d'identité issues du 8e arrondissement de la ville.

Les proches de Claude Guttmann ont par la suite appris qu'il devait se rendre à ce couvent, précisément pour y organiser un refuge pour des personnes en danger. La Gestapo se tenait à la porte du monastère, prête à l'arrêter dès son arrivée, ce qui fait peser de lourds soupçons sur Anne-Marie Kielissi, possiblement la seule informée de cette visite. Guttmann a été emmené et déporté par la Gestapo.

Guttmann, je l'ai effectivement croisé une ou deux fois. Je me souviens bien du 28 septembre, ce fut une journée tendue pour nous tous, surtout pour les deux Jacques – Jacques Weindraub et Jacques Marburger. Ce jour-là, ils ont été appréhendés par la Gestapo et emmenés pour un interrogatoire. Heureusement, leurs faux papiers étaient convaincants, leurs identités forgées tiennent le coup sous la pression des questions. À notre grande surprise, ils n'ont pas été soumis à une vérification physique approfondie, ce qui aurait pu révéler leur supercherie.

Finalement relâchés, une situation peu commune et inespérée, ils se sont retrouvés libres. Mais c'est en sortant que Jacques Weindraub se rappela soudain qu'il avait laissé sa serviette dans le bureau de l'interrogateur. Risquant à nouveau le péril, il retourna la chercher. L'ouverture inattendue de cette serviette aurait pu dévoiler des contenus compromettants, mais le sort en décida autrement.

Quant à Jacques Marburger, connu sous le totem de Colibri, son nom peut ne pas être familier à tous, mais il prit rapidement la fuite. Il trouva refuge pour la nuit chez moi, sachant qu'il pouvait compter sur mon adresse en cas de nécessité. Après une nuit de repos, offrant peu de soulagement dans de telles circonstances, je lui prêtai ma bicyclette le matin suivant pour qu'il puisse se rendre à la gare sans attirer l'attention. Il a ainsi quitté Nice et, contre toute attente, réussi à échapper à son sort funeste.

Les plans échafaudés lors de la réunion de Chardonnens à Nice ont été compromis. Le groupe a été quasiment décapité, subissant des coups durs qui auraient pu mettre fin à nos efforts. Comment nous avons réussi à nous retrouver quelques jours plus tard chez une dame généreuse, je l'ignore. Mais l'essentiel est que nous ayons eu un lieu de ralliement, preuve que la résilience et le réseau de solidarité étaient encore actifs.

Nous nous sommes retrouvés dans la maison de cette dame, dont le nom m'échappe et dont l'unique précision est qu'elle n'était pas juive. Quelqu'un parmi nous devait nécessairement avoir son adresse.

Dans cette réunion improvisée, Henri Poriles était là, Maurice Cachoud de même, ainsi que Maurice Beugelmans et Pierre Mouchnik, qui avait déjà entamé son travail sur les faux papiers – une activité cruciale pour notre mouvement. Il y avait également des femmes dont je ne peux aujourd'hui me rappeler les noms.

Malgré l'adversité, Maurice a pris l'initiative. Il a assumé le rôle de meneur et a commencé à remettre de l'ordre, distribuant les tâches et les responsabilités. Chacun a reçu sa mission, sa part à jouer dans cette lutte clandestine, dans cette organisation qui devait s'adapter et résister en temps de crise.

Maurice m'a confié une responsabilité claire : celle de la gestion financière. « Toi, tu feras les comptes, tu tiendras la caisse », m'a-t-il dit, insistant sur l'importance de la précision. « Je veux des comptes exacts parce qu'il faudra un jour rendre les comptes pour l'argent que nous aurons utilisé ». La tâche n'était pas des plus simples, mais elle était capitale. Dans ces temps d'incertitude, la transparence et la confiance étaient de mise pour maintenir l'intégrité de notre réseau et assurer son fonctionnement.

Nous avons pu compter sur la générosité de ceux qui avaient été aidés par nos efforts. Beaucoup, après avoir reçu une carte d'identité forgée leur offrant un semblant de sécurité, étaient prêts à exprimer leur gratitude. Leurs dons témoignaient de leur reconnaissance et contribuaient à l'effort commun.

Maurice, de son côté, avait réussi à récolter des fonds auprès de son entourage, des personnes en qui il avait confiance. Il s'agissait à chaque fois de sommes vitales pour la continuité de nos opérations, pour l'achat de matériel, la couverture des dépenses imprévues, et le soutien à ceux qui étaient sous notre protection. Tenir la caisse impliquait donc bien plus que simplement comptabiliser des chiffres ; c'était préserver l'essence de notre engagement et nous préparer à défendre nos actes lorsque viendrait le moment de rendre des comptes.

Quelques jours après Rosh Hashanah, l'atmosphère était toujours lourde des récents événements tragiques que nous avions vécus. La communauté était marquée par ces circonstances difficiles. Cependant, lorsque vint Yom Kippour, nous avons pu organiser une tefilah, une prière, chez l'oncle de Maurice Cachoud, Maxime Polak.

C'était un moment de recueillement, mais aussi une opportunité de nous rassembler en dehors du contexte habituel de nos activités clandestines. La réunion de prière s'est déroulée dans une atmosphère empreinte de gravité et de solidarité, tenant tant de la tradition religieuse que de la nécessité de maintenir notre cohésion et notre moral en ces temps sombres.

À la fin du jeûne de Yom Kippour, nous avons été reçus chaleureusement par Madame Polak qui avait préparé un repas pour rompre le jeûne. Je me souviens avec clarté de ce moment : le soulagement de rompre le jeûne, la chaleur d'une communauté partageant les même épreuves. Le trajet vers la maison de Maxime Polak ne fut pas simple pour moi ; je m'étais rendu là-bas en vélo-taxi, une forme de transport en commun de l'époque qui comprenait une place passager à l'arrière du vélo. Après le repas, en compagnie d'une douzaine, peut-être une quinzaine d'autres personnes, nous avons tous décidé de rentrer à pied.

La marche à travers les rues de Nice se fit dans la nuit, veillant bien à respecter le couvre-feu. C'était dans ces moments-là, tandis que nous partagions silencieusement le calme de la ville endormie, que la communauté trouvait sa force, ce sentiment d'appartenance et cette détermination qui nous poussaient à continuer, malgré tout ce qui pouvait arriver. Le lendemain de Yom Kippour, nous nous sommes retrouvés chez les Polak. Toute la journée, un groupe parmi nous a consacré du temps pour discuter et planifier, conscient qu'avec chacun notre rôle attribué, il était essentiel d'assurer une coordination efficace.

Nous sommes alors en octobre 1943. La ville de Nice est sous l'occupation allemande et les rafles sont une menace quotidienne. Je vivais toujours dans ma chambre meublée tenue par deux dames très respectables. Elles ne m'ont jamais questionné sur mes origines ou ma religion, mais je pressentais qu'elles devinaient que j'étais juif. Nos échanges dépassaient rarement les banalités, toutefois, leur silence discret équivalait à une marque de complicité protectrice.

Je poursuivais ma routine : le travail le matin chez mon patron, et le soir, je me consacrais à la gestion de la comptabilité pour notre organisation. Pour s'adapter à la situation et pour maintenir une structure dans les contacts journaliers, nous avons dû mettre au point un système organisé. Quelques jeunes filles et jeunes gens, que l'on pourrait considérer comme des travailleurs sociaux clandestins, m'apportaient des listes. Celles-ci contenaient les noms de personnes dans le besoin, des informations sur leur situation, permettant ainsi de déterminer la distribution des fonds. Je devais me fier à ces informations pour répartir les ressources. Bien entendu, cela restait un exercice complexe et nécessairement imparfait.

La logistique de nos rendez-vous devait être méticuleuse pour prévenir toute détection par l'ennemi. Chaque jour, nous nous donnions rendez-vous à un endroit différent, une routine qui changeait constamment pour des raisons de sécurité. Cet arrangement a bien fonctionné, démontrant l'ingéniosité et la flexibilité de notre réseau pour surmonter les défis posés par l'occupation.

Nous avions mis en place un système efficace pour la transmission d'informations et les requêtes de faux papiers, grâce à nos contacts avec l'équipe dédiée à la production de ces documents essentiels. Le laboratoire des faux papiers, supervisé par Pierre Mouchnik, était un élément central de notre opération et tout était fait pour garder son emplacement et ses activités secrets. Serge Karvaser y participait également, bien qu'il ne pût pas risquer de se montrer en public en raison de son apparence très reconnaissable.

Les demandes de faux papiers étaient traitées avec une efficacité remarquable : nous transmettions les commandes et, en fonction de la complexité du travail et des aléas techniques, les documents étaient prêts en un à trois jours. Cependant, des problèmes pratiques surgissaient parfois, comme la pénurie de formulaires pour les cartes d'identité, interrompant temporairement nos activités. Heureusement, l'équipe trouvait souvent des solutions pour se procurer les matériaux nécessaires, un domaine dans lequel Maurice faisait preuve d'une activité particulière.

Au-delà des documents d'identité, le ravitaillement était un autre défi crucial pour nos protégés. Les cartes de ravitaillement, indispensables pour acheter des produits de première nécessité comme le pain, le beurre, le lait et même les vêtements, devaient être régulièrement actualisées avec de nouveaux tickets à la mairie. Cette démarche nécessitait de présenter une carte d'identité valide, un acte impossible et dangereux pour ceux qui devaient rester cachés, ceux qui, souvent, ne parlaient pas ou peu français et ne pouvaient pas se permettre d'être repérés.

Face à cet obstacle, des solutions devaient être trouvées pour aider les personnes cachées à accéder aux biens de première nécessité sans compromettre leur sécurité. La solidarité, l'ingéniosité et la discrétion étaient plus que jamais cruciales pour assurer la survie de ceux que nous assistions.

Maurice a su faire preuve d'une habileté remarquable en établissant des contacts avec des employés du service de ravitaillement. Grâce à ces relations, nous avons pu obtenir des cartes de ravitaillement avec le cachet en blanc et des tickets que nous distribuions à nos protégés. Ceux qui pouvaient oser se présenter pour renouveler leurs cartes de ravitaillement pouvaient utiliser leurs faux documents pour le faire eux-mêmes ; pour les autres, qui couraient un risque trop grand en sortant de leur cachette, nous leur procurions les tickets essentiels.

Je conserve encore en mémoire le souvenir de Suzy, une employée à la fois charmeuse et compatissante, gagnée à notre cause par Maurice. Elle nous avoua être prête à faire tout ce qui était en son pouvoir pour nous aider, touchée par l'idée qu'un enfant puisse souffrir ou être arrêté simplement parce qu'il avait faim. Ses paroles étaient teintées d'une sincère bienveillance. Une autre complice précieuse, dont le nom m'échappe, ainsi que le directeur adjoint du service de ravitaillement, un certain Monsieur Morenon, nous accordèrent également des facilités. Morenon nous confia qu'il était reconnaissant de pouvoir agir concrètement sur le plan humain, cela avait beaucoup d'importance pour lui.

Ces témoignages de solidarité ont été cruciaux pour notre action. Une parenthèse. J'ai été amené à faire la connaissance d'une jeune Alsacienne nommée Pauline Dreyfus, chef d'index chez les Louveteaux, qui m'a mis en contact avec Georges Bloch, un bijoutier originaire de Strasbourg ayant sa bijouterie Kells et qui s'était réfugié à Monte-Carlo. Elle était convaincue que Monsieur Bloch pourrait nous aider à lever des fonds nécessaires à notre cause. Le défi majeur restait d'atteindre Monte-Carlo, une région fortement contrôlée, mais l'aide et la générosité venant de différentes sources étaient des rayons de lumière dans la noirceur de l'Occupation.

Pour me rendre à Monte-Carlo la première fois, j'ai choisi de prendre le train depuis une gare un peu éloignée du centre de Nice, nommée la gare Saint-Roch, pour tenter de passer inaperçu. Le voyage s'est déroulé sans incident, et une fois arrivé, j'ai retrouvé Georges Bloch. Son accueil fut chaleureux, et il a exprimé une confiance immédiate envers notre cause et envers moi. Il me parla également d'un ami, Elie Cohen, originaire de Montpellier, que, par une surprenante coïncidence, je connaissais aussi. Les retrouvailles furent agréables et les deux hommes ont accepté de solliciter leur réseau de connaissances, eux aussi réfugiés à Monte-Carlo, pour contribuer financièrement à soutenir nos activités.

Convaincre les gens fortunés de nous aider n'était pas une tâche facile. La prudence et la méfiance étaient souvent de mise, en particulier face à des jeunes gens relativement inconnus. Conscient de cela et de la nécessité de renforcer notre crédibilité, j'ai décidé de demander à Maurice de m'accompagner lors d'une visite suivante à Monte-Carlo. Son charisme et son pouvoir de persuasion ont effectivement fait forte impression sur Georges Bloch et Elie Cohen. Grâce à lui, nos soutiens potentiels se sont montrés plus généreux et se sont investis de manière plus substantielle dans notre cause.

La contribution financière de Monte-Carlo est devenue une source précieuse, elle nous a permis de subvenir aux besoins de nos protégés et d'attendre d'autres fonds. En parlant de sommes, la valeur exacte est difficile à évaluer aujourd'hui, à cause de l'évolution du pouvoir d'achat et de la monnaie. À cette époque, une somme de 10 000 à 20 000 francs représentait une aide substantielle. Bien que cela ne puisse pas être considéré comme une grande fortune, c'était suffisant pour répondre à nos besoins immédiats et continuer nos efforts de soutien et de survie durant cette période difficile.

Maurice, parmi les jeunes de notre groupe, se distinguait par son expérience déjà riche de la vie. Il avait dirigé une agence de duplicata pour la société Gestetner, ce qui lui conférait beaucoup d'assurance.

Formé aux techniques de vente, il possédait une éloquence naturelle, une facilité à convaincre les autres, combinée à une approche chaleureuse et amicale. Ce savoir-faire, sa capacité à communiquer et à inspirer confiance étaient des atouts de taille dans nos activités clandestines.

Enraciné dans une tradition familiale forte, il avait grandi dans une communauté traditionnaliste à Montevideo à Paris, dans une atmosphère juive des plus chaleureuses. Sa conscience de son identité juive était aiguë, c'est ce qui l'a certainement poussé à agir spontanément en faveur des juifs lorsqu'il a compris que la situation devenait critique.

Il prenait soin de son père, qui se cachait également à Nice après le décès de sa mère. Il devait vivre dans l'ombre pour s'occuper de lui tout en prenant un rôle de leader au sein de notre collectif.

Sa capacité à toujours aller à l'essentiel était remarquable. Il nous a clairement indiqué que notre but devait être l'action directe et pratique, sans se perdre dans les discussions politiques ou des débats inutiles : il fallait agir, et vite. Les détails superflus n'étaient pas de notre ressort.

Sa présence était spirituellement réconfortante ; il savait trouver le mot juste pour chacun et donner courage à tous. Son aura n'était pas celle de quelqu'un qui passe inaperçu, au contraire, il se faisait remarquer dans la rue, ce qui rend encore plus étonnant le fait qu'il n'ait jamais été interpellé ni arrêté. C'est une chance, ou peut-être la preuve que la providence veillait sur lui, comme elle l'a fait sur moi. Sa protection divine, pour ceux qui y croient, semble avoir joué un rôle bien réel dans nos vies.

Je circulais en vélo à Nice, et pourquoi j'ai choisi telle rue plutôt qu'une autre durant les rafles reste un mystère. La chance a été de mon côté : je n'ai jamais subi de contrôle d'identité. Dans ce climat d'insécurité, je me suis muni d'une fausse identité que nous avons créée avec les moyens du bord. Selon les informations qui figuraient sur cette carte d'identité, je serais né le 15 janvier 1915 à la Chapelle Blanche en Savoie, et je me nommais Rosna Maurice - un nom qui ne correspondait à aucune réalité pour moi. Quand on me demandait pourquoi je n'avais jamais été arrêté, je répondais en plaisantant que mon apparence "aryenne" avait probablement joué en ma faveur, suggérant que mon physique ne correspondait pas aux stéréotypes recherchés par les autorités.

La base documentaire pour créer cette identité fictive était une feuille de démobilisation d'un prisonnier de guerre français des camps en Allemagne. Celle-ci donnait une crédibilité supplémentaire au document. Quant à la robustesse de cette fausse identité en cas de contrôle, tout aurait dépendu de l'intensité et de la rigueur du contrôle. Si les services étaient exercés, spécialisés en contre-espionnage ou membres de la Gestapo, et s'ils avaient entrepris des vérifications approfondies, ils auraient pu découvrir que bien que le nom existât dans la commune où j'étais censé être né, il ne résisterait pas à une enquête minutieusement menée. Cependant, je dois dire, en toute vérité, que cette carte n'a jamais eu à passer l'épreuve d'un contrôle. C'était un mélange de chance, de présence d'esprit et peut-être, comme certains aiment à le penser, d'une intervention providentielle qui m'a permis d'éviter de telles situations périlleuses.

Les contrôles allemands de l'époque ne s'étendaient généralement pas à des investigations poussées, sauf en cas de sérieux doutes quant aux activités suspectes de la personne, telles que l'espionnage ou la participation à des activités de résistance. L'important était de pouvoir franchir les checkpoints sans éveiller les soupçons.

Quant à Maurice, il était bel et bien né à Paris. Sa famille avait des origines diverses : son père était allemand et sa mère avait des racines hollandaises. La famille Polak, du côté maternel de Maurice, était quant à elle juive hollandaise mais résidait à Paris bien avant la guerre. Et si ma mémoire est juste, sa mère était née dans la capitale française. Son père, quant à lui, était en France depuis la période qui avait suivi la Première

Guerre mondiale, puisque Maurice était né pendant cette guerre, ce qui signifie que son père était déjà sur le sol français avant même la guerre.

D'ailleurs, concernant la profession des parents, M. Polak, l'oncle de Maurice, était banquier. Il est probable que le père de Maurice travaillait avec lui. Ils n'étaient pas propriétaires de la banque, mais ils exerçaient des responsabilités importantes au sein d'une petite banque privée juive à Paris.

Les Polak étaient en effet relativement aisés. Quelques jours après la tefila de Yom Kippour que nous avons passée chez eux, une tragédie survint : Monsieur Polak fut arrêté dans la rue puis déporté. Heureusement, il semble qu'il ait réussi à éviter de donner son adresse, peut-être grâce à des papiers qui ne le liaient pas directement à son domicile, car sa femme et ses enfants sont restés à la maison sans être inquiétés par la suite.

Durant cette même période, outre le réseau Cachoud, d'autres réseaux clandestins étaient également actifs à Nice. Parmi eux, Kelman Fajgenbaum, connu plus tard sous le nom de Claude Kelman, qui plus tard a eu un rôle important au sein du FSJU et l'un des fondateurs du CRFF. D'une grande bravoure, il avait organisé un réseau d'aide pour les personnes dans le besoin, mais un manque de prudence a conduit à l'arrestation d'une des assistantes et Kelman a dû se cacher à Monte-Carlo.

Il y avait également la présence notable de Monsieur Rogovski, un Russe non-juif, qui avait été ministre sous le gouvernement socialiste de Kerensky avant la révolution bolchevique. Fuyant la Russie pour Paris, lui et sa secrétaire, Olga Bax-Mars, ont beaucoup aidé les réfugiés russes, juifs et non-juifs. Un autre réseau dirigé par André Bass a également œuvré pour fournir de faux papiers et de l'assistance financière. André Bass a cependant dû également quitter Nice suite à sa détection par les autorités.

En dépit de la présence de ces différents réseaux, notre groupe s'est retrouvé à un certain point comme le seul opérationnel sur place à Nice, une situation qui représentait un double tranchant de responsabilité et de risque dans un contexte dangereux. Joseph Fischer, à l'arrivée des Allemands, a quitté Nice pour Lyon.. Il a effectivement été difficile d'établir ou de rétablir des contacts pour obtenir des fonds nécessaires à notre travail.

Quant à une expérience de contrôle que j'ai eue, contrairement à ce que j'ai pu dire précédemment, il y en a eu une. C'était entre Noël et le Nouvel An, alors que je me rendais à Aix-les-Bains pour voir mes parents. Ayant à changer de train à Grenoble, et disposant d'une heure et demie d'attente, j'ai fait, de manière impulsive et peut-être imprudente, un détour par la ville.

Je me promenais Place Grenette à Grenoble vers 16 heures, quand soudainement j'ai entendu une petite explosion suivie de fusées, le signal pour les troupes allemandes de fermer toutes les issues et de procéder à un contrôle de masse. Pris dans l'instant, je me suis dirigé directement vers un sous-officier allemand au barrage, lui expliquant que je devais attraper mon train et, tout en ouvrant mon sac, lui montrant ma carte d'identité et ma carte postale. À ma grande surprise, il m'a simplement indiqué de passer.

J'avais parlé en français, sans me préoccuper s'il me comprenait correctement ou non, insistant simplement sur le fait que j'avais un train à prendre. C'était une chance incroyable, car bien des Juifs se sont fait prendre dans de telles rafles et ont été envoyés au STO, au Service du Travail Obligatoire. Cela a été un moment de grande tension mais aussi de grande chance, un événement rare qui a marqué mon expérience à cette époque.

Revenant un peu en arrière, durant l'hiver 1942-1943, à l'époque où j'étais encore à Nîmes, les lois sur le Service du Travail Obligatoire (STO) avaient été promulguées par l'occupant allemand. Cette mobilisation forçait les jeunes à s'inscrire pour aller travailler en Allemagne. Je me souviens avoir demandé conseil à plusieurs personnes sur la conduite à tenir : certains disaient qu'il fallait s'inscrire pour être en règle, tandis que d'autres préconisaient de ne pas le faire. Finalement, je n'ai pas répondu à l'appel, restant ainsi hors des radars du STO, mais conscient que tout contrôle aurait pu me mener, au minimum, dans un camp de travail en Allemagne, sans même que mon identité juive soit révélée.

Après l'incident de Grenoble et ma visite chez mes parents, je suis retourné à Nice. Puis, en janvier, Maurice a établi un contact avec Maurice Brenner, qui représentait le Joint en France occupée, dont le siège se trouvait au Puy, un chef-lieu du département de la Haute-Loire. Nous avons pris le train pour rencontrer Maurice Brenner au Puy, pas le Puy de Dôme, mais bien la ville du Puy en Haute-Loire. L'accueil de la part de Maurice Brenner fut très chaleureux et il nous a alloué une somme importante, je m'en rappelle bien, à hauteur de 100 000 francs. Bien que ces fonds n'aient pas duré éternellement, ils ont néanmoins représenté une contribution significative qui nous a permis d'améliorer quelque peu les conditions de vie de ceux que nous assistions.

Nous avons eu en effet de longues discussions avec Maurice Brenner. La situation était extrêmement précaire à l'époque. L'hiver de 1942-1943 était marqué par l'incertitude, la bataille de Stalingrad n'était pas encore résolue et la victoire des forces soviétiques n'était pas encore concrétisée. La situation globale était plutôt sombre, sans lueurs d'espoir palpables. La confiance en l'avenir reposait plus sur une foi aveugle que sur des arguments tangibles. Malgré tout, nous essayions de nous encourager mutuellement à garder espoir.

Durant cette même période, à Nice, a été formé le groupe Franc, en parallèle à notre propre activité. Ce groupe, sur lequel je n'avais pas de responsabilité directe, était dirigé par Henri Porriles. La mission principale du groupe Franc consistait à identifier et neutraliser les dénonciateurs qui collaboraient avec la Gestapo, souvent motivés par de l'argent.

À Nice, un groupe de Russes Blancs s'était tragiquement illustré en dénonçant des Juifs cachés pour en tirer profit. Le groupe Franc avait alors pour tâche de les éliminer physiquement et d'intimider les autres pour les dissuader de poursuivre leurs activités malveillantes. Ces actions n'étaient pas simples et ont rencontré des difficultés initiales, mais au fil du temps, elles ont permis de mettre un terme aux agissements de certains de ces dénonciateurs, et d'instiller suffisamment de crainte pour que d'autres cessent leurs trahisons.

Chapitre 10

Les groupes de Résistants

Le groupe Franc était une dénomination pour désigner une cellule de la résistance. Elle était composée, entre autres, d'Henri Porriles et de son frère Isidore Porriles, mais aussi d'Annette Zisman. Il y avait d'autres membres dont je ne me rappelle pas tous les noms. Ces détails peuvent parfois échapper à la mémoire avec le temps.

Concernant la rencontre avec Maurice Brenner en Haute-Loire, nous ne le connaissions pas personnellement au préalable. Maurice avait une recommandation pour faciliter le contact. Brenner ne nous a pas simplement fait confiance sur parole, il a mené un véritable interrogatoire pour obtenir des détails précis sur nos activités et nos besoins. Nous lui avons fourni des listes de bénéficiaires avec leurs signatures pour prouver la légitimité de nos requêtes.

C'était grâce à la recommandation sérieuse que Maurice avait apporté que nous avons pu finalement gagner la confiance de Brenner. Sans cela, il aurait été difficile, si ce n'est impossible, d'obtenir son soutien financier. La recommandation a servi à convaincre Brenner de l'authenticité et du sérieux de notre cause, ce qui était essentiel pour établir un canal de financement pour nos activités de résistance.

Brenner disposait apparemment des fonds en personne, ce qui n'est pas surprenant compte tenu des circonstances et des restrictions bancaires de l'époque. Les transactions financières et bancaires normales étaient bien évidemment compromises par la guerre et l'occupation. Les chèques et les virements bancaires étaient hors de question, tout se faisait en espèces et sous le manteau.

Il est possible que l'argent ait été remis physiquement à Maurice et que celui-ci me l'ait ensuite transmis, mais je ne peux pas m'en souvenir avec certitude. Les détails de cette transaction me sont flous. Toutefois, qu'il s'agisse de 100 000 francs ou d'une autre somme, transporter une telle quantité d'argent représentait un risque considérable.

Brenner a demandé des comptes rendus de notre travail, mais comprenez bien que nous ne pouvions pas nous permettre de transporter des documents détaillés sur nos activités. Cela aurait été extrêmement dangereux. Nous avons certainement fourni des informations sommaires, suffisamment détaillées pour le rassurer quant à l'usage des fonds sans compromettre notre sécurité. À cette époque, il fallait être très prudent sur les informations qu'on partageait et comment on les partageait. Malgré tout, nous avons réussi à le convaincre de la légitimité et de l'importance de notre cause.

Nous avons effectivement gardé contact avec Maurice Brenner après notre rencontre, même si je ne l'ai plus jamais revu en personne par la suite. Le soutien financier de Brenner représentait pour nous un « ballon d'oxygène » considérable à cette période, bien que nous n'ayons pas reçu d'autres fonds du Joint par la suite.

Nous avons continué à collecter de l'argent à Monte-Carlo, et c'est en grande partie grâce à ces financements que nous avons pu maintenir nos opérations. Concernant les 100 000 francs, nous n'avons pas distribué cette somme à la légère. Nous avons élaboré des budgets mensuels afin de tenir sur la durée. Cette somme n'a toutefois pas suffi à couvrir nos besoins jusqu'à la fin de la guerre, mais sans elle, et sans le soutien complémentaire de Monte-Carlo et des dons occasionnels reçus à Nice, nous aurions eu des difficultés à continuer.

Ceux qui recevaient des faux papiers de notre part contribuaient parfois financièrement, même si nous ne demandions jamais de contrepartie. Nous précisions simplement que si quelqu'un en avait les moyens, ses dons pouvaient aider à fournir des documents à des personnes sans ressources. Il est important de rappeler que ceux qui fabriquaient les faux papiers et les assistantes sociales avaient besoin de subsister. Bien que nous ne pussions pas parler de salaire, nous attribuions des fonds de subsistance pour couvrir les besoins élémentaires, comme la nourriture.

Il existait un barème uniforme pour tous, calculé pour permettre l'achat de nourriture suffisante pour un mois. Au-delà de cela, personne ne pouvait compter sur notre aide pour les vêtements ou le loyer, par exemple. Les moyens étaient limités et nous devions gérer ces ressources avec une grande prudence pour assurer la survie de chacun au sein de notre réseau.

Les aléas de la mémoire sont en effet implacables, et ils peuvent parfois nous jouer des tours, surtout après tant d'années et d'événements marquants. Le besoin de corriger et de compléter ce que nous avons oublié est compréhensible, particulièrement lorsqu'il s'agit de rendre hommage aux personnes chères à notre histoire personnelle et familiale.

L'époque de la guerre, commençant en 1939, fut lourde de conséquences et de deuils pour ma famille. Le décès de ma grand-mère maternelle en octobre était une perte attendue en raison de son grand âge et de sa maladie. La tragédie s'est prolongée en décembre avec le décès de ma cousine Suzanne, qui n'avait que 20 ans et qui est morte de fièvre puerpérale à la suite de son accouchement, un événement dévastateur survenu sous les soins d'un médecin.

Puis, en janvier 1940, ma tante Mathilde, la sœur de mon père, a succombé à un cancer de l'estomac. Je garde en mémoire l'épuisante épreuve que fut son enterrement, nous contraignant à marcher les 6 kilomètres entre Lingolsheim et le cimetière de Wolfisheim sous des conditions météorologiques difficiles, avec de la neige atteignant 50 à 60 centimètres. C'était un moment à la fois douloureux émotionnellement et physiquement.

Pour ce qui est de Montpellier, il semble que je situe mes souvenirs là-bas non pas en 1942 mais plutôt en 1941, bien que les dates commencent à se confondre légèrement avec le temps passé. Ces moments d'historique personnel peuvent être durs à retracer avec précision, mais il est important de les rassembler autant que possible pour former un récit fidèle de ce vécu.

Il est précieux de se rappeler ces moments fondamentaux d'apprentissage, même en des temps aussi troubles. L'enseignement du rabbin Schilly et de monsieur Kolodny a été un pilier dans l'acquisition des bases de l'hébreu. Les cours qu'ils dispensaient étaient bien plus que de simples leçons de langue, car ils incarnaient une connexion avec notre patrimoine, notre culture et notre identité.

Il est essentiel de ne pas oublier la figure du Rav Hamburger, qui a initié tant de personnes à la Gemara, avant d'être déporté, zekher tzadik livracha, que sa mémoire soit une bénédiction. Leur enseignement et leur passion pour la Torah et le Talmud ont été éclairants et motivants en dépit des circonstances extérieures. Monsieur Kolodny, en particulier, a su éveiller en nous un intérêt pour les textes de Shoftim (Juges) et Shmuel (Samuel), en nous offrant une compréhension plus approfondie de la grammaire hébraïque. Sa patience nous a permis d'appréhender les différents binyanim, ou constructions verbales, comme le Kal, Piel, Hifil et Hithpael, ainsi que des règles de syntaxe et de prononciation telles que le Vav hahipuch et l'accent tonique.

Cette période d'étude a pour moi une résonance particulière, car malgré la guerre, cela représente un souvenir d'efforts personnels et d'autodiscipline. Pendant mon séjour à Romans, durant la première moitié de 1942, alors que j'étais à l'école de cordonnerie, je me consacrais chaque soir à l'étude. Armé d'un Humash et d'un Tanach, dans ma chambre étroite et non chauffée, seule une ampoule de 25 watts éclairait mes écritures, tolérance de la propriétaire. Ces souvenirs d'étude solitaire, dans des conditions pourtant si modestes, sont un rappel de la résilience et de l'engagement à préserver la connaissance et la tradition malgré les défis.

À Nîmes, le Rav Swal m'a initié à un rite précieux : la Kriyat Hathorah. J'ai réussi à en faire la lecture, celle de la Parchat Shemini, dans la synagogue locale un certain mois de mars 1943. L'assistance était certes éparse, mais il faut comprendre le contexte de l'époque, marqué par la présence oppressante des patrouilles allemandes. Chaque acte du quotidien s'imprégnait d'une tension palpable, et l'acte de foi que représentait cette lecture en communauté confinait presque à l'inconscience.

Il est important de se remémorer également la situation particulière de la zone italienne de Nîmes, sujet déjà évoqué. La clémence des autorités italiennes ne découlait pas d'une générosité spontanée. Angelo Donati, un banquier juif italien établi à Nîmes, joua un rôle déterminant dans cette affaire. Ses démarches persévérantes et ses connections influentes avec les militaires italiens ont été fondamentales pour l'élaboration et le maintien d'une politique de protection en faveur des Juifs, malgré les pressions exercées par le régime de Vichy, la menace des milices et la surveillance constante exercée par les forces de l'ordre de la Révolution Nationale. C'est à son action et à son engagement que beaucoup doivent leur salut.

Donati, une figure que je n'ai jamais côtoyée personnellement, mais dont la réputation précédait sa silhouette jamais croisée. Son ambitieux dessein était de faciliter le transfert des Juifs de la zone italienne vers l'Italie. Oui, je crois avoir abordé ce sujet précédemment. Le courage ou, pour être exact, le manque de vaillance des soldats italiens a été mis à l'épreuve lors de l'avancée des troupes allemandes. Leur fuite précipitée a mis un terme abrupt à toutes les tentatives d'évacuation orchestrées par Donati, faisant ainsi échouer son projet.

C'était en septembre 1943, une période marquée par de sombres tournants, notamment par l'implantation de la Gestapo, synonyme de terreur accrue. À cet instant, Saint-Martin-de-Vésubie se muait en lieu de résidence forcée pour les Juifs étrangers non encore pris dans la tourmente de la déportation. Le destin a, de manière arbitraire, séparé ces réfugiés en différents chemins : un groupe a pu franchir la frontière et se réfugier en Italie tandis qu'un autre s'est vu attrapé dans le piège tendu en Italie du Nord pour être ensuite déporté.

Quant à ceux qui ont échappé aux mailles du filet, ils ont dû leur salut à la ténacité et à l'aide des partisans italiens. Ils ont survécu, en s'accrochant à chaque instant de liberté, en se fondant dans les ombres de la clandestinité. Chacun de leurs souffles était une résistance tenace contre l'oppression, une lutte pour l'existence même dans les heures les plus sombres de notre histoire.

C'était au même moment, en septembre 1943, que l'histoire tragique de Jeannette Ewselmann s'est jouée. Elle, qui était éclaireuse à Nice, fut capturée avec les siens dans l'étau impitoyable de la Gestapo tout juste arrivée dans la ville. Par chance, ou peut-être grâce à une prudence mêlée de peur, elle portait sur elle une fausse identité. Cet artifice lui a permis de s'échapper de l'Hôtel Excelsior, devenu geôle provisoire pour les Juifs arrêtés. Elle a pu goûter de nouveau à l'air de la liberté, une liberté teintée de douleur pourtant, car sa famille n'a pas eu cette chance et a été emportée par le tourbillon noir de la déportation.

Je m'étais aussi étendu sur le récit de l'atelier de chaussures de M. Mario Simon à Nice où j'avais trouvé occupation à mon arrivée dans la cité en 1943. En dépit de l'ombre de mes activités clandestines qui prenaient de l'ampleur dès le mois de septembre, je maintenais mon poste chez Mario Simon avec régularité. Cependant, à l'approche de la fin de l'année, en décembre 1943, j'ai été contraint d'abandonner cette couverture laborieuse. Il me fallait consacrer l'intégralité de mon temps et de mes efforts à la résistance, la lutte devenant trop prenante pour permettre une double vie.

En février 1943, je me rappelle notre camarade Ernest Appenzeller, emprisonné depuis décembre, qui a réussi à éviter une fin tragique à Drancy en affirmant avec force n'être pas juif mais chrétien. Par des moyens qui m'échappent, un certificat de baptême lui a été transmis, ce qui lui a valu sa libération en février 1944. On peut aisément imaginer l'onde de soulagement et la joie intense qui l'ont envahi lorsqu'il a retrouvé la liberté, une joie partagée par nous tous, témoins heureux de son retour à Nice.

Quant à mes aventures à Nice, je me souviens, non sans un certain flou, du restaurant de l'Abbaye Saint-Paul dans la vieille ville. Je ne suis pas certain d'en avoir parlé auparavant, mais ce lieu était emblématique dans nos vies. Il me semble que c'était Maurice Cachoud qui avait réussi à se faire apprécier du patron. L'Abbaye Saint-Paul était devenue un refuge, une extension de notre univers quotidien. Nous nous régalions là-bas de plats de pâtes à la niçoise, un luxe inestimable à l'époque car ils étaient servis sans réquisition de tickets de rationnement – un plaisir pur et simple dans le contexte de privations de la guerre.

Mais le restaurant jouait aussi un rôle plus risqué, celui de petite cache d'armes. Ce n'était pas sans danger ni sans gêne, mais je dois reconnaître que le personnel de l'Abbaye Saint-Paul faisait preuve d'une compréhension et d'un soutien remarquables. C'était des actes de résistance discrète mais d'une importance capitale, que je tiens à souligner et à rappeler avec gratitude.

Je n'allais pas à l'Abbaye Saint-Paul tous les jours. Ces visites étaient limitées ; après tout, il nous fallait tout de même payer nos repas, même si c'était sans les tickets de rationnement. Nous nous retrouvions là-bas une à trois fois par semaine. Et oui, les tenanciers étaient tout à fait au courant de nos activités, même si le sujet restait tabou, abordé uniquement en sous-entendus. Ils étaient fortement pro-gaullistes, ce qui engendrait une affinité et une compréhension mutuelle de nos intentions et de nos actions résistantes.

La situation financière des personnes que nous aidions devenait toujours plus désespérée. Cependant, un nouvel espoir se profila lorsque la mairie de Nice organisa un programme d'évacuation vers des zones rurales où les vivres étaient plus accessibles. Nous avons immédiatement profité de cette aubaine, orchestrant le départ de nombreuses familles. En outre, les documents d'évacuation délivrés par la mairie apportaient une crédibilité supplémentaire à leurs fausses identités, consolidant ainsi leur sécurité. Vers février, il y avait encore quelque 430 personnes sous notre responsabilité.

Je souhaite à présent évoquer le pasteur Evrard. Après la guerre, en 1945, Evrard a été appelé à témoigner sur ses activités clandestines. Sa déposition fut sollicitée par plusieurs entités, notamment le centre de la mairie de Nice, la ville de Paris, l'Espagne et le centre de documentation de Nice. Son implication et son rôle durant ces années sombres étaient donc reconnus et documentés, un hommage à son courage et à sa contribution à la lutte clandestine.

Dans la déclaration du pasteur Évrard, des détails poignants sont rapportés sur son engagement, sur la façon dont il a rencontré et soutenu Raymond Heymann et Maurice Cachoud, leader de la résistance juive de Nice. Il décrit comment lui et ses fils ont activement pris part à l'assistance des Juifs pourchassés. Ils contribuaient à la mise en sécurité des persécutés et à leur ravitaillement, avec un courage dont le danger incessant ne peut être ignoré. Des cartes d'identité à l'hospitalité offerte, leurs actions étaient des feux qui brûlaient dans l'obscurité de l'oppression.

Il parlait également de l'organisation de la célébration de la fête de Pourim dans son temple, où la lecture de la Megillah a constitué un moment de fort symbolisme et de profonde élévation spirituelle. Cet événement se tenait contre toute prudence, un mercredi en fin d'après-midi, où les fidèles arrivaient à bicyclette comme pour marquer le quotidien mais avec une résonance de défi singulière. Évrard restait parmi les siens, tandis que ses fils veillaient à la sécurité du rassemblement.

En admettant leur prise de conscience sur la réalité de la guerre et de la situation critique dans laquelle ils étaient, ils étaient néanmoins capables, l'espace d'une soirée, de transcender la peur et d'immerger les participants dans une atmosphère où la pensée s'élevait au-delà de l'oppression. Les parallèles avec l'histoire de la Megillah ne pouvaient être plus poignants, plaçant chaque participant face au miroir d'une tragédie contemporaine, où chaque mot lu résonnait avec leur propre lutte pour la survie et la liberté.

Chaque geste, chaque rassemblement, chaque action était imprégné de danger durant cette période. Le pasteur Évrard l'avait bien saisi; investir son temple dans la lutte et y faire des rassemblements comme la célébration de la fête de Pourim, c'était jouer le tout pour le tout. C'était un peu comme tenter une manœuvre risquée au bridge, une impasse : il fallait évaluer avec précision les risques à prendre, ceux qui pouvaient se justifier et ceux à éviter à tout prix.

Il paraît que se déplacer dans la ville ou se rendre rue Vernier ne constituait pas en soi un risque considérablement plus grand que n'importe quel déplacement urbain à ce moment-là. Néanmoins, si la Gestapo avait mené une rafle lors de l'un de ces rassemblements, les conséquences auraient été dévastatrices, sans l'ombre d'un doute.

Concernant le nombre de personnes présentes, nous étions neuf hommes, accompagnés par les jeunes filles. Une petite assemblée, intimement rassemblée, en quête de spiritualité et de communion malgré le poids de la terreur qui planait sur la ville occupée. Chaque rencontre, chaque prière avait alors le poids de la résistance, le souffle d'une subversion contre une nuit sans fin qui semblait envelopper le monde.

La direction présente ce jour-là, pour la célébration de Pourim, regroupait les individus que l'on avait pu mobiliser. Ce qui est significatif ici est la rareté des rassemblements et la prise de risque de chacune de ces personnes, sachant les dangers qu'ils encouraient.

Le témoignage du pasteur Évrard apporte un éclairage sur des événements autres, comme l'histoire tragique de Madame Vera Kogan, qui tenta de mettre fin à ses jours par empoisonnement. Cette histoire était étrangère à votre groupe et votre implication ; c'est une anecdote exclusivement rapportée par le pasteur. Il semble qu'elle a été hospitalisée, puis laissée aussi longtemps que possible à l'hôpital Pasteur pour la protéger. Mais finalement, elle a été ramenée à l'hôtel Excelsior, où la Gestapo avait établi son quartier général.

La rencontre avec Gérard, un des responsables de la Gestapo à l'hôtel Excelsior, met en lumière la dyade psychologique au sein de cette organisation terrifiante. D'un côté, Évrard décrit Schulz, un homme calme et poli, pourtant reconnu pour son sadisme, basé à l'hôtel Hermitage. De l'autre, il y a Kraus à l'hôtel Excelsior, une personnalité décrite comme démente et d'une brutalité extrême, connu pour ses accès de colère terrifiants et ses méthodes d'interrogatoire violentes. Quant à Eckerle, il apparaît comme plus modéré, formant un contrepoint aux deux premiers. Gérard lui, bien que brut et impulsif, semblait disposer d'une certaine influence sur Eckerle, et bien qu'étant primitif et brut, il était capable de "bons mouvements", peut-être de clémence dans certaines circonstances.

Ce que ces anecdotes illustrent, c'est la complexité et la dangerosité de la situation pour les résistants et pour les Juifs à Nice sous l'Occupation. Chaque action, chaque rencontre, chaque geste était chargé de tensions, et les personnalités rencontrées pouvaient signifier la différence entre la vie et la mort.

Dans sa rencontre avec Gérard, membre influent de la Gestapo, le pasteur Évrard a usé d'une stratégie consistant à parler d'un passé où il s'était consacré à la réconciliation des nations, mettant en avant son aide présumée aux Allemands avant la guerre. Ce récit semble avoir été empreint d'humanité et de persuasion, dans le but d'atténuer les tensions et de manipuler la situation en faveur de Madame Kogan. Bien que sceptique quant aux chances de libération de cette dernière, le pasteur se servit de son intelligence émotionnelle pour éveiller une réceptivité chez Gérard, qui était vraisemblablement allemand. À sa grande surprise, et grâce à l'intervention qu'il avait amorcée, Madame Kogan fut relâchée et dirigée vers lui pour exprimer sa gratitude.

Quant à Maurice Cachoud, sa notoriété au-delà de Nice était déjà bien établie. Ce n'était pas lui qui fabriquait les faux papiers mais il jouait un rôle pivot en facilitant les contacts entre les différents mouvements de résistance locaux et le Mouvement de Libération

Nationale (MLN). Sa capacité à fournir des papiers issus du laboratoire local via les filières d'économie de la ville avait étendu sa réputation jusqu'à Paris. Cela le désigna pour assumer la responsabilité nationale du laboratoire de faux-papiers du MLN, position qui le convoqua à Paris.

Le cas de Maurice Cachoud met en exergue la complexité et la flexibilité des activités de la Résistance. Bien que le laboratoire de faux-papiers à Nice fut opérationnel, Maurice Cachoud fut responsable de l'organisation d'un nouvel atelier à Paris. Même s'il n'avait pas démarré son projet ex nihilo, puisqu'il existait déjà des ressources et des structures à Paris, sa contribution a été de rendre cet atelier plus efficient et opérationnel, capitalisant sur ce qui était disponible.

Ce qui distinguait Maurice Cachoud, c'était sa capacité d'organisation, son audace et, en yiddish, sa "chutzpah" – cette témérité et cette vitalité hors du commun, qui a marqué les esprits. Il était connu pour ouvrir des portes que d'autres auraient jugées fermées, flirtant souvent avec une imprudence presque incroyable. Cela lui a d'ailleurs joué des tours regrettables par la suite, même si dans le même temps, il se montrait toujours extrêmement préoccupé par la sécurité de ceux qui travaillaient avec lui.

Concernant la communication avec Maurice post-février, le contact ne fut pas perdu, mais les communications étaient naturellement devenues plus compliquées et moins fréquentes. Sans téléphone et dans une période où la discrétion était vitale, les mises en relation s'effectuaient souvent par l'intermédiaire de déplacements entre Nice et Paris, pour différentes raisons. Ces voyages étaient l'occasion d'échanger des informations et de maintenir une liaison, bien que celle-ci n'ait pas la régularité d'une correspondance organisée.

Après que Maurice Cachoud eut rejoint Paris pour prendre en charge le laboratoire de faux-papiers, je suis demeuré responsable du secteur de l'assistance sociale, tandis qu'Henri Porriles se concentrait davantage sur le groupe d'autodéfense. Concernant les actions militantes et directes de ce groupe, je vais vous relater une description qu'a donnée Henri Porriles à propos d'une opération menée par le groupe franc.

La narration d'Henri Porriles décrit une embuscade organisée à l'encontre de Georges Karakayev. Cet homme, d'origine russe, partageait son temps entre la peinture artistique et l'activité plus lourde de conséquences de dénoncer des juifs à l'ennemi. Une stratégie d'espionnage et de séduction par une jeune fille du groupe a permis de le cerner et de lui fixer un rendez-vous. Le jour convenu, la jeune fille s'est présentée, mais elle n'était pas venue seule – les membres armés du groupe franc étaient prêts à agir. Ils ont procédé à l'action à bicyclette, et rapidement, le dénonciateur a été neutralisé.

Quand je réfléchis au nombre de cibles que le groupe franc a pu ainsi éliminer, je ne peux fournir de chiffre exact et je préfère ne pas émettre de suppositions. Ces données doivent être consignées dans les témoignages des participants aux différentes opérations, auxquels je n'ai pas pris part. C'est surtout le frère d'Henri, Isidor Porriles surnommé Zizi, qui était actif dans ces missions. Il était un exécutant clé au sein de ce dispositif, bien qu'il ne fût pas le seul.

Parmi ses camarades d'action, on pouvait compter Annette Zisman et Marc Lévy, ce dernier ayant rejoint Israël en 1948 où il a trouvé la mort durant la guerre d'Indépendance, ainsi que Lucien Rubel. Ce sont les membres principaux de l'équipe dont je me souviens, bien qu'il se puisse que j'en oublie certains.

Quant à Ernest Appenzeller, évoqué précédemment, il a aussi pris part à ces opérations. Véritablement, il faisait également partie de ce combat, de cette lutte clandestine menée avec bravoure et détermination. Zizi, de son vrai nom Isidor Porriles, et Ernest Appenzeller formaient effectivement une paire active au sein de la Résistance, même si je ne dirais pas qu'ils étaient inséparables. Ils collaboraient étroitement et efficacement en équipe, chacun ayant un rôle à jouer au sein des opérations à mener.

À partir d'avril, les arrestations et dénonciations orchestrées par les Russes blancs – ces émigrés russes anti-communistes – ont diminué, bien que le danger de telles trahisons ait persisté jusqu'au débarquement en Provence. Quant à la spécificité du groupe franc, ce qui le caractérisait, c'étaient sans doute les traits personnels de ses membres qui les inclinaient vers de telles activités à haut risque. Certains étaient naturellement portés vers des actions audacieuses, opérationnelles, tandis que d'autres étaient davantage tournés vers l'assistance et le soutien. Il y avait ceux qui avaient la témérité nécessaire pour se mesurer aux périls, et puis il y avait ceux qui, sans armes ni possibilités de défense, risquaient tout autant en agissant dans l'ombre, souvent livrés à eux-mêmes et très vulnérables.

La jeunesse qui s'est engagée dans l'assistance clandestine, pas seulement à Nice mais dans toute la France, était souvent inexpérimentée et confrontée à un danger immense, parfois sans la possibilité de se défendre. Ces jeunes gens s'exposaient à des risques considérables et, il est vrai, avaient souvent "les chocottes" devant l'ampleur de ces risques. Le courage ne se mesure pas uniquement par la capacité à affronter le danger en étant armé ; leur dévouement était tout aussi noble et leurs actes tout aussi héroïques.

Enfin, j'évoquerais l'arrestation au début de mars de mon oncle, Louis Hallel, à Montélimar, et le sauvetage miraculeux de sa famille, avertie par des voisins, qui pu se cacher et rejoindre mes parents à Aix-les-Bains. Cela montre la solidarité et l'entraide qui jouaient un rôle crucial dans la survie au sein d'un environnement hostile et dangereux. Chaque acte, grand ou petit, témoigne de la résilience et du courage de ceux qui ont vécu ces temps ténébreux.

À l'approche de Pessah, la question des matzot s'est posée avec acuité, dans un contexte où chaque élément de la tradition revêtait une importance encore plus grande. Ce fut grâce à l'ingéniosité de notre camarade Jacques Neufeld que nous avons pu surmonter cet obstacle. Il a réussi à obtenir de la farine et trouvé une biscuiterie que nous avons pu rendre conforme aux critères de la cacheroute. Cela nous a permis de fabriquer les matzot nécessaires, qui ont été distribuées par nos assistantes avant la célébration de Pessah.

Durant un voyage au Puy, réalisé en janvier, j'avais eu l'occasion de rencontrer Jean Poliatschek, le fils d'un rabbin d'Altkirch dans le Haut-Rhin. Je m'étais invité chez lui pour le début de Pessah et le Seder. Muni de mes matzot que j'avais transportées dans mon sac à dos, je me suis rendu au Puy. Là, Pessah commença avec le Seder dans l'arrière-salle d'un restaurant, où nous avons récité la Haggadah, rythmée en arrière-fond par le bruit des bottes des soldats mongols de l'armée allemande stationnés dans la ville.

Le lendemain, malgré l'environnement menaçant, une tefila s'est déroulée dans un lieu discret et nous avons profité de la nature l'après-midi. Cette expérience était particulièrement exaltante, témoignant de la détermination de la jeunesse juive à affirmer, même dans l'adversité, voire de manière provocatrice, leur identité juive et leur appartenance à leur peuple. Une résistance spirituelle qui, dans les moments les plus sombres, prend tout son sens et devient un acte de rébellion et de préservation de l'héritage culturel et religieux juif.

Mes parents demeuraient effectivement à Aix-les-Bains pendant cette période. Quant à mon choix de célébrer Pessah au Puy plutôt qu'avec eux, il était dicté par des considérations de sécurité. À cette époque, voyager au Puy représentait un risque moindre que de rejoindre Aix. Cette décision, qui répond à votre interrogation pertinente, a été guidée par la prudence en ces temps incertains.

Après les célébrations de Pessah, je me suis dirigé vers Vichy, où j'avais prévu de rencontrer ma sœur Simone. Elle devait voyager d'Aix à Vichy, et notre intention était de rendre visite ensemble à des cousins qui se cachaient à Châtelmontagne, non loin de la ville. Cependant, en arrivant à la gare de Vichy, j'ai reçu un accueil troublant, ma cousine, chez qui nous devions nous rendre, m'a informé que la Gestapo avait perquisitionné son domicile et arrêté sa sœur. Face à cette situation, il n'était plus envisageable de nous rendre chez eux. Simone a donc décidé de retourner directement à Aix-les-Bains, tandis que moi, je me suis caché quelques jours chez des cousins résidant dans une autre ville pour éviter d'être pris dans les filets de la Gestapo. C'était une époque où la moindre décision pouvait avoir des conséquences fatales, et la vigilance était notre constante compagne.

La ferme de Châtelmontagne où se cachaient mes cousins et mon oncle Herschel représentait un havre de ravitaillement exceptionnel, leur procurant une qualité de vie confortable dans ces circonstances difficiles. Ils jouissaient d'une liberté relative, pouvant naviguer dans les limites de la ferme et des environs immédiats du hameau.

Bien qu'ils aient une certaine liberté de mouvement à l'intérieur de ce périmètre, ils restaient discrets quant à leur identité. Les conditions de vie n'impliquaient pas une réclusion constante à l'intérieur d'un espace restreint, mais une limitation quant à l'affichage public de leur présence et de leur identité juive. Effectivement, mes cousins et mon oncle n'étaient pas confinés à un seul espace fermé ; ils n'étaient pas cloîtrés dans une chambre ou un grenier et pouvaient se permettre de sortir.

Chapitre 11

La survie des Juifs

Cependant, la sécurité de leur situation dépendait grandement de la complicité et de la discrétion des voisins. Bien que ces derniers se doutassent que ces nouveaux "paysans" n'étaient pas originaires de la région, leur attitude pro-gaulliste les rendait fiables et ils offraient leur soutien tacite.

La réalité des Juifs cachés en France pendant la Seconde Guerre mondiale présentait un large éventail de situations, qui contrastait nettement avec ce qu'on pourrait imaginer en se référant aux cas comme celui d'Anne Frank aux Pays-Bas. En France, si certains restaient beaucoup confinés, d'autres adoptaient des identités d'emprunt pour se fondre dans leur environnement. En somme, la capacité des personnes à se cacher et à maintenir une forme d'anonymat variait grandement, allant d'une semi-autonomie jusqu'à des restrictions plus sévères de leur liberté de mouvement.

Le caractère individuel jouait un rôle déterminant dans la manière dont chacun gérait sa sécurité durant cette période de persécution. Certains, par nature plus audacieux, prenaient parfois trop de risques, ce qui les a menés, tragiquement, à la déportation. D'autres, plus prudents, ont aussi payé un lourd tribut ; l'audace ne pouvait être pointée comme la seule cause de capture par les Allemands. Lors de la grande rafle à Nice, ceux qui étaient informés évitaient de se promener dans certaines rues, notamment dans le quartier des Musiciens autour de la rue Rossini, qui était une cible privilégiée des Allemands. Les grands axes du centre, l'avenue de la Victoire (aujourd'hui avenue Jean Médecin) et les rues avoisinantes, avec leurs commerces et lieux de vie, étaient particulièrement risqués et à éviter absolument.

Avec les mois et la diminution des rafles, une certaine forme de relâchement de la vigilance est survenue, suivant le principe des vases communicants. Pour ma part, pendant des mois, je m'étais interdit de fréquenter l'avenue de la Victoire, mais vers la fin du printemps 1944, cette réserve est devenue moins stricte, à tort ou à raison.

Dans le cadre de mon rôle de coordination avec les assistantes sociales, mes déplacements nombreux étaient concentrés dans des quartiers jugés moins dangereux. Je me déplaçais à vélo, évitant ainsi les endroits trop exposés. Quant à l'arrestation de mon oncle Louis à Montélimar, survenue début mars - un événement dont j'ai déjà fait mention - ma tante et mon cousin Hubert ont dû fuir vers Aix-les-Bains pour trouver refuge auprès de mes parents. Cet épisode illustre la précarité et l'urgence de la situation pour de nombreuses familles juives à l'époque.

Mon oncle, déporté à la suite de son arrestation, a connu, hélas, un sort que beaucoup d'autres ont partagé. Face à cette menace imminente, mes parents décidèrent de franchir la frontière en Suisse. Mon jeune cousin Hubert a d'abord été envoyé par un convoi d'enfants au début d'avril, une procédure relativement courante à l'époque pour essayer de mettre les enfants en sécurité. Puis, mes parents et ma tante Blanche les suivirent à la fin du mois. Ils ont été internés en Suisse, comme l'indique leur carte d'internement datée du 26 mai 1944.

Ma sœur Simone, quant à elle, subvenait à ses besoins sous une identité d'emprunt à Chambéry, où elle travaillait pour l'organisation "Aide aux Mères". Cette association caritative offrait son soutien aux familles venant d'accueillir un nouveau-né, fournissant notamment de l'assistance pour le soin des bébés et des tâches ménagères liées à cette arrivée.

Concernant la traversée vers la Suisse, l'organisation reposait sur la discrétion et la connaissance parfaite du terrain par des passeurs locaux. Ils devaient être experts des sentiers et informés des horaires des patrouilles allemandes pour augmenter les chances de passages réussis.

En contrepartie de leurs services, ces passeurs étaient rémunérés, bien que le passage soit souvent reporté en raison de la présence accrue de troupes allemandes à la frontière. Finalement, ils menaient les personnes jusqu'à un certain point avant de les laisser continuer seules.

Pour ce qui est du groupe d'enfants auquel Hubert a été intégré, les détails exacts de l'organisation de ce convoi m'échappent, mais il y avait de nombreuses initiatives à cette époque, souvent ad hoc, menées par des organismes comme l'Œuvre de Secours aux Enfants (OSE) ou de façon plus informelle, avec des groupes d'enfants transitant par différentes routes pour passer en Suisse ou ailleurs en sécurité.

Oui, il y avait bien une certaine coordination entre les diverses organisations qui se consacraient au secours et au passage des Juifs, notamment des enfants. Malgré cela, la situation précaire et les circonstances particulières de chacun ont souvent nécessité des initiatives privées ou personnelles plutôt que des actions purement organisées.

En effet, les organisations telles que les Éclaireurs israélites (EI) et le Mouvement de la jeunesse sioniste (MJS), de même que l'Œuvre de Secours aux Enfants (OSE), ont conduit des opérations structurées et très organisées pour faire passer des enfants, mais la grande variabilité des contextes et des besoins a impliqué une grande diversité dans les méthodes employées.

Pour le passage en Suisse, il fallait trouver un passeur. Ma sœur faisait le contact avec celui-ci pour aider mes parents à franchir la frontière. Le passeur choisissait le moment opportun selon les informations dont il disposait sur les patrouilles allemandes, guidant les gens jusqu'à la frontière avant de leur indiquer le chemin à suivre seul.

En ce qui concerne les enfants organisés en groupes pour passer la frontière, bien que je n'aie pas tous les détails, il est certain que plusieurs groupes ont été formés et qu'ils sont passés grâce à différents réseaux et organisations, dont certains pouvaient être ad hoc, sans affiliation fixe à une structure de secours.

Lors de mon retour à Nice en avril 1944, j'ai été témoin d'une scène accablante à l'Abbaye Saint-Paul. Monique Picard, une connaissance de Montpellier, est venue dans un état de désespoir pour m'annoncer l'arrestation de son frère lors d'une rafle dans une maison d'enfants prés de Grasse. Malgré nos tentatives pour lui faire parvenir un certificat de baptême, grâce auquel il aurait pu probablement être libéré, la confusion autour de son identité a échoué à l'empêcher d'être déporté, car il a été enregistré sous le nom de naissance de sa mère, Cerf, et non sous le nom Picard présent sur le certificat.

Quant à mes voyages à Monte-Carlo, les rafles y engendraient également une tension palpable. Mes contacts, Georges Bloch et Elie Cohen, devaient se cacher, eux aussi avait tenté un passage en Suisse, mais furent arrêtés. Ils semblent avoir pu payer leur libération, bien que les circonstances exactes de cette libération restent floues. Ils ont changé d'adresse à Monte-Carlo pour continuer à échapper à la détection.

Concernant l'accès aux plages, elles étaient interdites pendant la guerre, particulièrement après l'occupation allemande qui avait installé des fortifications en prévision d'un possible débarquement allié. La Promenade des Anglais et les rues d'accès étaient barrées par des obstacles en béton. Avant l'arrivée allemande, la Promenade était un lieu de vie animé par les Niçois et les Juifs.

Malgré tout cela, je conservais un engagement personnel dans la vie juive, et je me rendais chaque shabbat après-midi pour étudier la Paracha de la semaine avec Prosper Weil, un adolescent dont la famille originaire de Bouxwiller s'était réfugiée à Nice. Cela avait lieu malgré la proximité de la Gestapo, preuve de la résilience face à l'oppression.

Les Weill, fuyant l'Alsace, avaient trouvé refuge à Nice, un exil intérieur chargé de l'incertitude et du poids des jours. À cette époque, écouter Radio France Libre de Londres constituait un acte de résistance en soi, compte tenu de l'interdiction de posséder une radio. Bien que je n'en disposais pas personnellement, je connaissais assez de gens chez qui les ondes de la liberté étaient captées secrètement. Les informations diffusées nous parvenaient, nous tenant informés, espérant le débarquement durant ce printemps '44.

Les nouvelles d'Italie étaient amères ; les Alliés se battaient avec acharnement, progressant avec une lenteur exaspérante au milieu d'un coût humain qui ne cessait de s'accentuer. Mussolini, lui, ne manquait pas de faire montre de son arrogance habituelle. Le sort de nos compatriotes déportés avait de quoi nous tourmenter jour et nuit ; on redoutait l'indicible, sans jamais pouvoir anticiper l'horreur véritable de ce qu'ils subissaient, cette réalité qui dépassait l'entendement humain. Ce n'est qu'après la libération que la vérité nous fut révélée dans toute sa brutalité, une horreur qui surpassa nos plus sombres imaginations.

L'onde de choc de ces révélations se devait de trouver un contrepoids dans la solidarité, car le moral de chaque membre de notre groupe en pâtissait. Séparés de nos familles, c'était une lutte constante pour garder la tête hors de l'eau, pour continuer à espérer. Lorsque le 6 juin 1944, les nouvelles du débarquement nous sont parvenues, ce fut un soulagement monumental qui nous a tous envahis, un souffle d'espoir de libération qui a ébranlé nos cœurs.

Pourtant, cette lueur n'a pas changé nos problèmes de l'heure : la pénurie alimentaire s'aggravait et les arrestations se poursuivaient. À cette période critique, nous avions aménagé une chambre d'hôtel comme secrétariat clandestin grâce à la complicité des propriétaires pro-gaullistes de l'hôtel Assalit, situé près de la gare à Nice. C'était là que Jacqueline Cotliard, agissant en tant que secrétaire, recevait et redistribuait les faux papiers produits par le laboratoire, essentiels à notre lutte pour la survie.

Malgré la pression, l'hôtel Assalit était devenu un microcosme de résistance, un lieu presque ordinaire en surface, mais le théâtre d'actions illégales mais nécessaires. La précaution était de mise ; au moindre signe suspect, tout était dissimulé sous un matelas. Jacqueline y travaillait souvent seule, et nous ne venions que pour transmettre ou recevoir des informations crucial, et toujours pendant les heures discrètes du matin et de l'après-midi.

Lors de cette période à Nice, nous prenions en charge environ 430 personnes, un chiffre resté relativement stable depuis le dernier compte. Les visages n'étaient pas forcément les mêmes, il est vrai. Certains avaient été emportés par la terreur des déportations, et nous avions vu arriver de nouveaux cas. Des individus, jusqu'alors silencieux par fierté ou par peur, se révélaient à nous, poussés par le désespoir. Leurs réserves s'amenuisaient avec le temps, et la pénurie ne leur laissait d'autre choix que de chercher de l'aide.

Dans le passé, avant d'atteindre ce nombre de 430, nous avions réussi à redistribuer certains réfugiés dans des zones où le ravitaillement était plus aisé. Suite à cela, malgré de légères variations, notre nombre oscillait autour des 430, et les enjeux restaient conséquents. Notre situation financière devenait toutefois de plus en plus préoccupante. Nous gardions toujours une réserve d'urgence, un "volant de sécurité", mais celle-ci diminuait de façon alarmante. Ainsi, j'avais pris la décision de me rendre à Paris pour solliciter de l'aide auprès de Maurice. Je l'ai retrouvé à l'hôtel Montpensier, mais les nouvelles n'étaient pas réjouissantes quant au soutien financier.

J'ai néanmoins eu l'occasion d'observer l'ingéniosité et la hardiesse de son travail. Sur l'esplanade des Invalides, lors de rendez-vous clandestins surnommés "meetings cachoud", Maurice orchestrait une distribution intense de faux papiers, animant chaque échange avec passion et urgence. Malgré cela, nos moyens financiers restaient amenuisés. Pourtant, le destin cruel nous a rattrapés le 18 juillet. Une trahison pernicieuse a vu Maurice et ses compagnons tomber dans un guet-apens orchestré par l'agent double Charles Porel. Promettant des armes parachutées d'Angleterre, il les a menés droit vers la Gestapo. Maurice, Ernest Appenzeller, le rabbin René Kapel, et d'autres encore furent capturés ; malgré la torture, Maurice n'a rien révélé.

Après cet incident tragique, nos moyens de communication étaient bouleversés. Nous n'avions pas de contact direct avec la famille de Maurice ; son adresse nous était inconnue. Ce n'est que plus tard que nous avons appris son funeste destin. Une réunion a été tenue le jour de Tisha B'Av, le 30 juillet, où nous avons appris la terrible nouvelle. C'était dans l'appartement de Madame Nardi, au château Roussey-Gouran, un endroit que nous avions toujours considéré comme sûr.

Désespérés mais résolus à persévérer, j'ai choisi de tenter ma chance à Monte-Carlo, suivant une adresse fournie par Georges Bloch. Les déplacements étaient difficiles, entravés par les dispositifs militaires allemands, les barrages et les menaces de mines. La destruction de la gare Saint-Roch quant à elle, avait sévèrement réduit les liaisons ferroviaires vers Monte-Carlo, compliquant davantage la tâche.

Pour maximiser mes chances, j'ai opté pour le déguisement de scout, chapeau sur la tête et culottes courtes. Ainsi accoutré, je me suis lancé sur la route. Le trajet était complexe, parsemé de tronçons réalisés à pied et en autocar. Finalement, je suis arrivé à destination chez les Gessula qui avaient l'air tout étonnés de voir débarquer un personnage de ma sorte. Néanmoins, leur accueil fut des plus chaleureux. Ils ont pu me remettre une petite somme d'argent et s'engagèrent à essayer d'en collecter davantage auprès de leurs relations.

Le matin du 15 août, je fus réveillé par le bruit assourdissant de la canonnade. De la fumée s'élevait au loin, signe des explosions qui marquaient le débarquement allié en Provence, tout spécialement dans le Var. Il faudra presque deux semaines avant que Nice soit libérée. Pendant ce temps, une quinzaine de Juifs avaient été arrêtés et étaient aux mains de la Gestapo. Le transport vers Drancy n'était plus envisageable, les voies ferrées étant sectionnées. Nous redoutions que les Allemands ne se livrent à des exécutions ou des actes de torture dans un dernier accès de barbarie. Heureusement, tous ces détenus furent libérés. Nos peurs s'étaient avérées infondées. Pris de panique à l'idée d'être encerclés, les Allemands s'étaient enfuis dans la précipitation, sans trouver le temps d'organiser plus de violence.

Cette période était marquée par une certaine confusion ; on ne savait pas réellement à quoi s'attendre. Était-ce vraiment la fin du conflit ? Nous savions au moins qu'un tournant décisif était proche. L'intention des Alliés n'était cependant pas claire à nos yeux, leur objectif immédiat semblant être de progresser vers le nord, laissant Nice un peu en marge de leur marche.

Ce sont finalement les soldats américains qui sont arrivés en premiers, et non les forces de la Résistance française. Cependant, la présence des Allemands s'est rapidement amenuisée, en partie grâce à l'action des Maquis. Dans quelle mesure ces derniers ont-ils influencé la retraite allemande ? Difficile à évaluer, mais nous avions conscience de leur présence et même des liens avec plusieurs groupes auxquels nous fournissions des documents falsifiés. Ces mêmes groupes nous approvisionnaient en armes pour les forces combattantes françaises.

Le 27 août, nous avons reçu les instructions de notre chef local de la résistance. Nous étions affiliés aux FTP, Francs-Tireurs et Partisans d'obédience communiste, sous la direction de René Cantat. Grâce à leur réseau, nous avions été mobilisés pour neutraliser le blockhaus sur l'avenue de la gare à Nice. Nous avions donc reçu l'ordre de nous diriger vers l'objectif avec la plus grande prudence, et de ne pas nous exposer. Ce qui n'était pas une mince affaire, mais nous avons réussi à nous positionner à une distance où nous pouvions engager l'ennemi. Pour l'occasion, on nous avait distribué des armes – des fusils, rien de très élaboré, mais c'était tout ce que nous avions.

Dès que nous avons tiré nos premiers coups, la réponse allemande ne s'est pas faite attendre : une fusillade intense. Heureusement, nous n'avons eu aucun blessé de notre côté. Après quelques instants, l'un de nos guetteurs, posté plus haut dans un bâtiment voisin, nous a informés que les Allemands abandonnaient leur position, en tirant pour couvrir leur retraite.

Une demi-heure plus tard environ, nous avons avancé et, après quelques échanges de feu supplémentaires, nous avons constaté que les Allemands avaient évacué le blockhaus et s'étaient repliés. Nous ignorions s'ils avaient subi des pertes, mais le plus important pour nous était que les nôtres étaient saines et sauves.

Le matin du 28 août, la nouvelle se répandait : plus aucun Allemand dans la ville. Les casernes et les points de contrôle habituels avaient été désertés. Les troupes américaines étaient quant à elles à Saint-Laurent-du-Var, tout près de Nice. J'ai pris mon vélo en direction de l'Arenas, à l'ouest de la ville, et j'y ai trouvé des soldats américains, assis sur les trottoirs, se rafraîchissant et mangeant leurs rations. Ils semblaient épuisés, leurs équipements pesant lourd sur leurs épaules. Lorsqu'ils se levaient pour avancer, ils marchaient lentement. Ce n'était donc pas une parade de victoire triomphale, mais plutôt la progression laborieuse de soldats lassés, sans fanfare ni cérémonie.

Sur l'origine des soldats américains que nous avons rencontrés, il est vrai que je ne pourrais pas vous répondre précisément. Leur parcours pouvait provenir d'Afrique du Nord et inclure la campagne d'Italie, mais cela nécessiterait des connaissances militaires spécifiques. Quant au mot d'ordre que nous avions reçu, il consistait à nous rallier à Cimiez, pour y chercher le préfet nommé dans la clandestinité, un certain Moyon. En chemin, j'ai trouvé une Peugeot abandonnée que j'ai temporairement réquisitionnée afin de suivre le cortège avec quelques camarades jusqu'à la préfecture. La ville débordait de joie avec les habitants massés sur les trottoirs, témoignant de leur allégresse à l'occasion de cet événement marquant.

Moyon était donc le nouveau préfet de Nice, un socialiste désigné par les organismes de résistance comme préfet provisoire. L'initiative venant ensuite d'un de nos camarades était d'investir immédiatement le commissariat aux questions juives. C'était un lieu totalement déserté ; nous avons été accueillis par un gardien terrifié qui nous a laissé prendre possession des lieux. Cela nous a permis de transférer nos activités de la clandestinité à une visibilité ouverte.

Concernant les archives au commissariat, ce ne sont pas nous qui avons pris en charge leur récupération, mais plutôt des groupes de la Résistance spécialisés. Ce que j'ai pu trouver sur le bureau du commissaire, que j'occupais ultérieurement en tant que directeur du bureau, étaient divers cachets officiels, mais à ce moment, l'idée de sauvegarder ces documents en tant que preuves pour un éventuel témoignage me semblait lointaine, et dans l'urgence de la situation, cela n'a pas été ma priorité.

Nous avions à notre disposition une suite de bureaux, et très vite, des Juifs sortant de leurs cachettes sont venus nous voir, espérant que nous puissions régler leurs multiples soucis. C'était avant même que nous ayons pu établir un système organisé, et il était nécessaire de leur fournir de la nourriture. Nos caisses étaient vides, mais nous avons miraculeusement reçu des fonds d'une source inattendue. Je ne peux pas préciser d'où provenait cet apport surprenant, mais un don de 750 000 francs du comité régional de la Résistance nous est parvenu, une somme qui nous a été extrêmement précieuse pour couvrir les besoins les plus urgents de ceux qui se présentaient à nous.

Les fonds que nous avions reçus ont servi de secours d'urgence pour les familles dont nous avions gardé les listes durant la clandestinité. De nouveaux cas se sont révélés à cette occasion et les critères de distribution de l'aide n'étaient initialement pas clairement établis. Nous avons dû prendre des décisions rapide pour fournir les premiers secours, en l'absence d'une expérience formelle dans le travail social. Notre démarche s'est beaucoup appuyée sur le bon sens et la détermination de ceux qui se sont improvisés assistants sociaux sur le terrain.

Tandis que nous nous ajustions à cette nouvelle réalité et à notre transition vers un rôle ouvertement social, le réseau d'assistance sortait également de l'ombre. Moussa Abadi, en collaboration avec l'OSE

(Œuvre de Secours aux Enfants), avait organisé un réseau de sauvetage d'enfants juifs, qui avaient été cachés dans des institutions catholiques de la région. Bénéficiant du support de l'Évêché, Mlle Lagache tenait scrupuleusement les dossiers de ses protégés. Accompagnant un jour Moussa Abadi à l'Évêché, j'ai pu constater l'estime et la chaleur avec lesquelles il y était reçu.

Abadi gérait plusieurs centaines d'enfants – le nombre exact échappe à ma mémoire, mais il oscillait entre 100 et 200, sachant que certains avaient été envoyés en Suisse ou ailleurs. Par ailleurs, un Russe blanc, ancien membre du gouvernement de Kerensky, Rogovski, et sa fidèle secrétaire Olga Mas, étaient également sortis de la clandestinité. Pendant l'Occupation, ils avaient aidé des Juifs et peut-être aussi des non-Juifs de la communauté russe.

Chapitre 12

L'enfance juive-martyre

Après la Libération, les enfants cachés ont commencé à être restitués à leurs familles, sous la gestion d'Abadi. Il devait également régler les frais de pension dans les institutions d'accueil, bien que la source de ses fonds me soit inconnue. Il est certain que des orphelins sont restés, mais je ne peux pas fournir de détails à ce sujet.

Dans la communauté juive, avec la Libération, la vie a recommencé à reprendre son cours normal. Les gens ont pu entreprendre de récupérer leurs biens et de retrouver un travail, signe d'un lent retour à une existence moins marquée par l'urgence des besoins immédiats et par les affres de la guerre. Le passage des années d'occupation vers la période de l'après-guerre était marqué par des situations personnelles extrêmement variées. Certaines personnes ont pu reprendre rapidement leurs activités professionnelles, alors que d'autres ont souffert du fait que leurs affaires avaient été confiées à des administrateurs provisoires, non sans être parfois spoliés dans le processus.

Il n'y avait pas de règle uniforme quant à la récupération des biens et des activités. Les plus entreprenantes et entreprenants ont commencé à rebâtir leurs entreprises là où c'était possible, tandis que d'autres ont rencontré de sérieuses difficultés. Tout cela s'est fait progressivement, les changements ne se produisant pas immédiatement après la Libération. Les premiers jours de liberté retrouvée étaient empreints d'une certaine confusion et d'euphorie ; on ne savait pas toujours où concentrer nos efforts. Un point crucial restait cependant : offrir aux gens la possibilité de se nourrir. La somme dont nous disposions a permis de surmonter cette période critique.

Nous étions jeunes et peu expérimentés, mais les principes de Maurice restaient fermement ancrés : pas de politique superflue, pas de discours vains, mais des actions concrètes répondant à des obligations claires. Pour nous, il était essentiel de bénéficier d'un statut légal pour nos activités. Nous avons donc créé une structure officielle face aux autorités, le Comité Israélite d'Action Sociale, qui servira plus tard de modèle pour le COJASOR, le Comité Juif d'Action Sociale et de Reconstruction.

L'enregistrement de notre association à la Préfecture nous a plongés dans le tourbillon des luttes politiques de l'époque. Le Préfet Moyon, socialiste, avait effectivement été remplacé par un communiste. Virgile Barrel, de son côté, avait pris d'autorité la mairie de Nice, et jouait un rôle clé pour le Parti Communiste local.

En dépit d'une forte présence de FTP et de communistes actifs à Nice, capables de s'imposer par leur présence active sur le terrain, il y avait aussi l'UJRE, Union des Juifs pour la Résistance et l'Entraide, qui revendiquait la représentativité de la communauté juive. J'ai dû défendre notre cause lors d'une confrontation mémorable à la préfecture contre l'avocat communiste Maître Jacques Lippmann. Bien que son éloquence ait été imposante, notre mission et notre vision ont prévalu au fil du temps, nous permettant de poursuivre notre travail au service de la communauté.

Dans la période qui a suivi la libération et la fin de la clandestinité, l'organisation que je gérais n'avait pas cherché un jugement ni à se justifier. Nous n'avons pas non plus insisté pour notre inscription officielle dans le registre des associations ; nous avons simplement poursuivi nos activités comme si de rien n'était. C'est pour cela que j'avais fait la remarque que la caravane passe. Ce qui est devenu clair, c'est que l'UJRE semblait surtout intéressée par les ressources financières que nous avions reçues. Ils avaient vent de notre allocation provenant du comité régional de la résistance et puisqu'ils manquaient de fonds, cela les attirait.

Quant à l'idée que l'UJRE puisse infiltrer notre organisation, cela me paraissait peu probable, car la plupart des jeunes impliqués étaient d'orientation sioniste et non alignés sur les perspectives communistes. Nous avions d'ailleurs le soutien de Maître Edmond Montel, bâtonnier de Nice, qui est devenu le président d'honneur de notre association. Son appui nous a aidés à poursuivre notre mission. J'ai maintenu le contact avec Monte-Carlo pour assurer la continuité du financement en attendant d'établir des relations avec le Joint ou d'autres organisations qui se réorganisaient au niveau national.

Nos journées n'étaient pas seulement consacrées à des négociations ; nous étions principalement absorbés par le travail social concret, répondant à de nombreuses demandes. Nous avons commencé à établir des dossiers, à acquérir le matériel nécessaire, à créer des fichiers et une documentation. En parlant de cela, je voudrais illustrer avec les listes de noms que nous avions durant la clandestinité, que je compilais avec des allocations quinzaines. On y voit le nombre de personnes par famille et les signatures ou empreintes attestant de la réception des fonds. Sur une des listes, vous verrez la mention "pris" à la place d'une signature, cela indique une personne qui avait été arrêtée. Les sommes variaient, allant de 300 à 400 francs de l'époque en moyenne, selon le nombre de personnes par allocation.

En septembre 1944, j'ai eu les premières nouvelles de ma famille. Mes parents étaient internés en Suisse et ma sœur Simone, dont je n'avais plus de nouvelles depuis des mois, était restée à Chambéry jusqu'à la Libération, puis est rentrée à Aix bien avant eux. Elle s'est occupée d'une maison d'enfants que le rabbin Soal avait montée pour accueillir les enfants cachés dans la région. Malheureusement, beaucoup de ces enfants ne purent jamais être restitués à leurs parents déportés. À la fin septembre, j'ai aussi reçu une lettre d'Henri Porriles, datée du 4 septembre, m'annonçant qu'il avait réussi à s'échapper avec Ernest après avoir été arrêté le 18 juillet. Sa mère était restée à Nice, où elle s'était cachée.

Suite à cela, j'ai pris contact avec les organismes parisiens rassemblés au sein du COJASOR pour préparer des demandes de subvention, car nos ressources de la période clandestine s'étaient épuisées. Les gens étaient moins disponibles qu'avant parce qu'ils étaient maintenant focalisés sur la reconstruction de leur propre vie après la Résistance. Dirigé par Fink et Topiol, le COJASOR devenait un acteur clé à Paris. Concernant Fink, je ne suis pas sûr s'il était retourné à Nice, mais je sais qu'il avait été caché et qu'il s'est établi à Paris après la Libération.

Il fallait aussi que je prévoie les salaires de mes assistantes qui ne pouvaient bien évidemment pas continuer sans rémunération et financer les dépenses de bureau comme l'électricité et le chauffage. Ainsi, j'ai dû réfléchir à la manière de soutenir financièrement l'infrastructure nécessaire à notre travail social en cette période de transition. Les services de Yom Kippour se sont déroulés comme prévu au boulevard Dubouchage, qui retrouvait peu à peu son effervescence habituelle. Parmi les personnalités marquantes, il y avait Monsieur Dubinsky, le président respecté de Dubouchage, et le Rav Rubinstein, qui plus tard deviendra rabbin à Paris dans le quartier de la rue Pavée. Avant de quitter la région, il avait pris la responsabilité du Minyan Dubouchage.

Un artiste peintre du nom de Monsieur Berzon, reconnaissable à sa moustache traditionnelle, ainsi que le hazan, Monsieur Katz, étaient aussi des personnages bien connus de la communauté. Durant cette période, il y avait aussi une certaine agitation due à la présence américaine, avec un marché noir florissant d'alcools, de cigarettes et de conserves, comme on pouvait l'imaginer. Monsieur Katz, son épouse et sa fille Yeta, qui par la suite a rejoint notre équipe, avaient été arrêtés juste avant le débarquement en Provence. Ils faisaient partie des 15 personnes qui furent libérées après que les agents de la Gestapo aient pris la fuite suivant le débarquement. C'était là la dernière arrestation juive à Nice.

Quant à l'approvisionnement alimentaire, il restait très limité malgré l'apparition du pain blanc. Les soldats américains étaient une source importante de ravitaillement pour nous. À Nice et dans ses environs, peu agricoles et assez arides, il était difficile de se procurer des provisions, mis à part quelques fruits et olives. Et même les produits comme le fromage provenaient principalement des Hautes-Alpes, donc assez éloignées. Les réseaux de transport et les approvisionnements en essence n'étaient pas encore revenus à la normale. Le bâtiment au 15, avenue de la Victoire, s'était transformé en un lieu bourdonnant d'activité, où nous continuions à travailler pour répondre à l'urgence et aux besoins de notre communauté dans cette ère de reconstruction.

J'ai été confronté à de nombreux incidents avec les personnes que nous assistions. Il nous a rapidement fallu commencer à faire un tri, basé sur les informations que nous arrivions à collecter. Nous avons découvert que certains qui nous sollicitaient pour de l'aide avaient en réalité des fonds cachés. Le nombre d'incidents bruyants et de confrontations a commencé à augmenter. Il m'est arrivé, parfois, de devoir intervenir face à des individus qui se mettaient à crier dans nos locaux, menaçaient de tout saccager si on ne leur donnait pas d'argent, réfutant toutes les accusations à leur encontre.

Dans certains cas, nous avons dû trancher de manière arbitraire. Autrement, notre caisse aurait été rapidement épuisée. Ce genre de phénomène n'était pas nouveau, mais pendant la clandestinité, nous n'avions pas les mêmes capacités de contrôle. Nous devions nous fier largement à l'intuition et au jugement de nos assistants sociaux pour discerner qui avait réellement besoin d'aide et qui exagérait ou n'en avait pas vraiment besoin. En parallèle, différentes œuvres sociales ont resurgi. Le Consistoire s'est réorganisé, avec des personnalités marquantes comme Monsieur Théodore Kahn, Madame Bader et Monsieur Berland. C'est à ce moment qu'a été créée, grâce à l'initiative de Monsieur Kowarski, une caisse de prêts qui a accordé des prêts d'honneur, permettant à de nombreuses personnes de redémarrer leur vie professionnelle.

La première activité commune avec le COJASOR à Paris, encore appelé ainsi à l'époque, a été lancée sous l'égide morale de ce qui avait été le CRIF, notamment une caisse de prêts pour aider les gens dans le besoin à reprendre pied après la guerre. C'était une période de reconstruction difficile, où nous devions équilibrer l'aide immédiate avec la nécessité de promouvoir l'autonomie et le redémarrage économique des assistés. Le CRIF, le Conseil Représentatif des Institutions Juives de France, est une organisation représentative qui s'est réorganisée après la guerre. Effectivement, à l'initiative de M. Berland, des prêts d'honneur ont été faits, ce qui a grandement contribué à soutenir la reconstruction et l'entraide dans la communauté juive.

À mon retour à Paris, le CRIF s'est impliqué dans différents projets, notamment en donnant son patronage à une semaine de l'enfance juive-martyre. Dans cet effort, des bons de soutien à l'enfance juive-martyre nous ont été envoyés pour être vendus. On m'a remis des bons d'une valeur de 5 et 10 francs, ce qui me semblait assez dérisoire ; je ne croyais pas que nous pourrions rassembler une somme significative avec de si petits montants. J'ai donc pris l'initiative de faire imprimer à Nice des bons allant jusqu'à 10 000 francs, que nous avons commencé à vendre. Nous avons eu un certain succès dans cette entreprise, mais ce qui était particulièrement marquant, c'est que nous avons obtenu l'accord de l'inspection académique pour que ces bons soient vendus dans toutes les écoles du département des Alpes-Maritimes, bien sûr à de plus petits montants.

Cette campagne a été une manière non seulement de collecter des fonds, mais aussi de sensibiliser les jeunes à l'histoire récente et aux souffrances endurées par les enfants juifs pendant la guerre. C'était une période où la solidarité et l'éducation sur l'Holocauste prenaient une place centrale dans les efforts de reconstruction de la communauté juive et de la société française dans son ensemble. À cette période, nos efforts pour soutenir l'enfance juive martyre ont été renforcés par le soutien de M. Virgile Barrel, le maire de Nice, qui avait accepté de venir pour le lancement de notre campagne. Cet événement a même été relayé par un journaliste local, ce qui a contribué à accroître la visibilité de notre action. Cette activité a pris beaucoup d'énergie, mais elle nous a aussi permis de collecter une somme substantielle. Naturellement, les fonds collectés ont dû être envoyés au comité national, nous n'en avions pas la disposition directe. Néanmoins, l'aspect le plus crucial était de sensibiliser la population non juive au drame de l'enfance juive martyre.

J'ai également obtenu une autorisation spéciale de la chancellerie de Monaco pour pouvoir vendre ces bons dans la principauté. Cela représentait une étape importante pour étendre notre action au-delà de Nice et toucher une audience encore plus large. Pour la distribution de ces bons, j'ai fait appel à tout le monde – tous ceux et toutes celles qui étaient prêts à nous aider. Dans les écoles, la vente des bons a été organisée grâce à la collaboration de l'inspection académique. C'était un moment de solidarité et d'engagement, qui montrait la volonté commune de reconstruire et de se souvenir, dans le sillage d'une période des plus sombres de notre histoire.

Juste après la fin de la clandestinité, alors que j'étais encore jeune, j'ai commencé à envisager l'avenir et à discuter des différentes options qui s'offraient à moi. Naturellement, engagé dans l'action et animé par des idéaux forts, l'idée de partir en Palestine s'est imposée comme une aspiration majeure. Cette période a été marquée par une intense activité de réflexion et de débat au sein de notre groupe, et pour nourrir cette effervescence intellectuelle et militante, nous avons édité pendant trois ou quatre mois un petit mensuel dactylographié que nous avons appelé « Tekhelet-Lavan ». Ce journal était le véhicule de nombreuses prises de position, parfois critiques à l'égard des responsables de la communauté juive sur le plan national. Nous les accusions de ne pas avoir suffisamment aidé les Juifs cachés pendant la guerre.

Je me souviens avoir rédigé une lettre ouverte adressée au grand rabbin de France de l'époque, Isaïe Schwartz, dans laquelle je lui demandais de manière plutôt directe de céder sa place à des personnes plus actives. Nous sentions le besoin d'un renouveau au sein des instances de la communauté, d'énergies nouvelles et entreprenantes capables de rompre avec la routine établie et d'apporter de nouvelles perspectives.

Quant à la collecte des fonds par les bons de l'enfance juive-martyre dans les écoles, grâce à l'accord de l'inspection académique, je n'ai malheureusement pas de chiffres exacts à donner, n'ayant pas trouvé de traces de ce montant. Mais cet effort de sensibilisation restera pour moi un moment important de reconstruction et d'engagement en faveur de la mémoire collective et de la justice pour les plus jeunes victimes de la Shoah. Sur le fond tragique des nouvelles venant des camps de déportation, qui nous parvenaient peu à peu, nous avons réalisé l'ampleur réelle du désastre. Les pires appréhensions que nous avions imaginées se sont avérées bien en-dessous de la terrible vérité. Les déportés n'ont commencé à revenir qu'après l'armistice, dans le courant de l'été 1945, mais les informations avaient filtré entre temps.

Dans le même temps, les mouvements de jeunesse, tels que les EI (Éclaireurs Israélites) et d'autres, connaissaient une activité foisonnante. Nous avons vite remarqué un manque cruel de matériel pédagogique, et notamment l'absence d'un carnet de chants. Les chants sont vitaux dans les mouvements de jeunesse, ils sont le cœur et l'âme de l'esprit collectif et de la camaraderie. Beaucoup parmi nous connaissaient de nombreuses chansons, mais personne ne les connaissait parfaitement par cœur et il n'existait aucun document de référence.

J'ai pris l'initiative de faire imprimer un carnet de chants, avec l'aide active de Prosper Weil, que j'ai déjà mentionné auparavant. Naturellement, le carnet a été imprimé en caractères latins. Nous avons commencé à transcrire les chansons, avec les paroles traduites en français juste en dessous. Très rapidement, nous avons pu faire imprimer ces carnets de chants en 500 exemplaires. C'était un projet symbolique important, qui a joué un rôle essentiel dans la préservation de notre patrimoine culturel et dans la transmission des valeurs de notre communauté aux jeunes générations, dans l'effort collectif de reconstruction après la guerre.

J'ai retrouvé la facture des carnets de chants qui avaient été imprimés sur les presses du journal "Le Patriote niçois", et son édition s'appelait "De l'Aurore". La commande avait été passée par le mouvement des jeunesses sionistes, pour lequel nous avions imprimé 500 carnets de chants. En consultant mes calculs de l'époque, j'avais déterminé que nous souhaitions conserver 50 carnets pour les mouvements de jeunesse, à l'intention des responsables, et que nous prévoyions de vendre les 450 restants. Je m'étais occupé de définir le prix de revient en divisant par 450, la facture étant datée du 22 décembre 1944.

Nous avons également organisé une fête de Hanoucca cette année-là, qui s'est avérée extrêmement réussie. Nous avons eu la chance de compter parmi nous un groupe de frères et sœurs, les Pomeranz, qui étaient infatigables et doués pour l'organisation de célébrations publiques. Ils ont animé la fête de Hanoucca d'une manière absolument remarquable, rendant ce moment vivant et joyeux pour de nombreuses personnes qui avaient vécu cachées pendant la guerre. Ces initiatives étaient essentielles pour redonner vie à notre communauté et offraient des moments de réconfort et de partage nécessaires après la sombre période que nous venions de traverser.

La fête de Hanoucca avait été la première occasion de renouer socialement avec la tradition juive après la guerre. C'était une affirmation de notre identité et un moment de réconfort pour nous tous. Par ailleurs, je m'étais renseigné sur un groupe de réfugiés situé à Cuneo, en Italie. Ce groupe avait réussi à quitter la France avec les Italiens à temps et avait pu se maintenir, comme je l'avais déjà mentionné dans des discussions antérieures. J'avais planifié de leur rendre visite, ayant déjà obtenu tous les laissez-passer et autorisations nécessaires, mais malheureusement, les autorités militaires ont fermé la frontière et je n'ai pas pu me rendre à Cuneo.

Pendant l'hiver, nous avons dû faire face à de nombreux problèmes matériels. Je tiens à rendre hommage à la famille Roux, des amis non-juifs de Jeannette Ewselmann, qui nous ont apporté leur soutien en étant proactifs dans la cause de la France libérale et très favorables aux Juifs. Leur soutien a été précieux. Je veux également exprimer ma gratitude envers la famille Katz qui m'a accueilli dans leur foyer avec une extrême gentillesse. Les soirées du vendredi que j'ai passées chez eux, dans une atmosphère empreinte de chants, restent un souvenir marquant et chaleureux.

Au retour de Jeannette Ewselmann, elle a rejoint notre groupe et a contribué elle aussi à notre activité sociale. Avec l'approche de Pessah, les matzot ont été cuites chez un boulanger spécialisé, M. Mrowka, un Juif qui possédait une fabrique de biscuits et de matzot déjà avant l'occupation allemande. La seule difficulté concernait l'allocation de farine, que nous avons finalement réussi à obtenir pour lui.

Ces périodes de fêtes juives étaient l'occasion de renforcer notre sentiment d'appartenance et de continuer le travail de reconstruction de la communauté juive après les terribles épreuves de la guerre. Nous sommes alors arrivés à Pessah 1945. Durant cette période, mes parents étaient revenus de Suisse et avaient repris leur logement meublé à Aix-les-Bains. Il est important de souligner la bienveillance et l'amitié de leurs propriétaires, Monsieur et Madame Blanc, qui avaient pris grand soin des affaires laissées par mes parents, et ce avec une discrétion indispensable pendant l'Occupation.

Quant à un retour de ma famille à Strasbourg, il était envisagé, mais les hostilités de la Seconde Guerre mondiale n'étaient pas encore terminées à ce moment-là. Il y avait en effet eu la contre-offensive des Ardennes, une re-traversée du Rhin par les Allemands, et rien n'était encore certain quant à l'issue du conflit. Nous avons donc décidé d'organiser un Seder collectif pour Pessah, qui a nécessité une supervision rigoureuse, notamment celle du Rav Songalowski. Ce fut une entreprise considérable : il fallait cacheriser toute une cuisine dans un grand restaurant du centre-ville, et toute notre équipe s'est démenée pour réussir cet événement.

En ce qui concerne le nombre de Juifs restés à Nice à cette époque, il m'est difficile de fournir un chiffre, même approximatif. Pendant l'Occupation, il y a eu des estimations autour de 30 000 Juifs présents dans la région, mais à mon avis, ce chiffre est quelque peu exagéré. Je dirais plutôt que nous étions autour de 20 000. Et je pense même qu'un bon nombre a quitté la région depuis lors.

Nous croyions que plusieurs milliers de Juifs avaient été arrêtés à Nice et dans les Alpes-Maritimes, mais en réalité, d'après les documents établis plus tard, il y en avait moins de mille qui ont été arrêtés et qui sont passés par le camp de l'Excelsior à Nice. Il est possible que des gens aient été déportés directement sans passer par l'Excelsior, et dans ce cas, ils ne sont pas inclus dans cette statistique, mais le chiffre était bien moins considérable que ce que l'ampleur des rafles pouvait laisser craindre. Bien sûr, même un seul arrêté est trop élevé, et nos pensées étaient avec chacun de ceux qui ont souffert.

Le Seder de Pessah a été un grand succès, bien que les assistants aient été impatients, tellement pressés de "sortir d'Égypte" et de manger les boulettes. C'est une réaction très humaine ; malgré tout, la plupart des participants ont manifesté leur satisfaction. Jeannette Ewselman a joué un rôle crucial dans l'organisation de ce Seder, et nous avons pu célébrer cette réussite par une promenade dans l'aurore printanière de Nice, ce qui a marqué le début de nos fiançailles.

Je voudrais revenir sur un incident qui ne s'est pas produit à Nice mais qui mérite d'être mentionné. Avant la Libération, je me suis rendu à Marseille, pendant la période des bombardements américains. À vrai dire, je ne me souviens plus précisément la raison de ma visite, mais on m'avait recommandé de contacter deux familles alsaciennes sur place. Sur les quatre personnes, il s'est avéré qu'il n'y avait qu'un seul Juif.

André Weingarten vivait avec le couple Merius ; Madame Merius et sa sœur, Hélène, qui était la fiancée d'André. Monsieur Merius et lui avaient trouvé du travail à l'organisation Todt, ce qui leur a permis de passer la période de clandestinité. Cependant, ils ont été dénoncés par des voisins qui les accusaient d'avoir aidé les Allemands. À la suite de cela, ils furent tous arrêtés. Monsieur Merius et Hélène ont par la suite été libérés, mais Madame Merius est décédée après sa libération, tandis qu'André Weingarten a été maintenu en détention, où il fut torturé et est mort en prison.

J'ai fini par apprendre que derrière cette tragédie se tenait Anne-Marie Kielitschi, une agente double qui, pendant qu'elle œuvrait à Nice en septembre 1943, était l'amie d'un commissaire de police à Marseille. C'est elle qui a causé la perte d'André Weingarten, qui était parfaitement innocent. Le travail qu'il effectuait pour l'organisation Todt était purement manuel, en tant que manutentionnaire et chauffeur de camion.

Chapitre 13

Retour à Strasbourg

Strasbourg a été libérée le 23 novembre 1944. Bien entendu, mes parents et moi étions impatients de retourner voir ce qu'il restait de notre appartement de la rue du Général Gouraud et de nos magasins. Début mai, une occasion s'est présentée : un réfugié de Colmar, Monsieur Kahn, disposait d'une voiture, une petite Rosengart. Nous avons conclu un arrangement : il ne savait pas conduire, alors je l'amènerais en voiture à Colmar et j'irais ensuite à Strasbourg pour vérifier l'état de notre propriété. Après, je reviendrais le chercher pour le retour, car il avait aussi un magasin de confection à Colmar dont il souhaitait vérifier l'état.

En passant, nous sommes allés chercher mon père à Aix-les-Bains afin de nous rendre tous ensemble à Strasbourg. Je ne m'étendrai pas sur les incidents techniques, comme les pneus et les roues, qui ont considérablement rallongé notre trajet à travers la route des Alpes. Après avoir dû passer la nuit à Digne, nous sommes finalement arrivés à Aix-les-Bains, avons récupéré mon père et avons continué notre chemin vers Colmar puis Strasbourg.

Nous étions conscients que les bombardements américains avaient gravement endommagé Strasbourg, avec de nombreuses bombes ayant détruit près de 3 000 maisons, et donc environ 12 000 appartements en septembre 1944, deux mois avant que la ville ne soit libérée. Notre appartement de la rue du Général Gouraud était occupé par des G.I. américains qui semblaient avoir célébré avec nombre de bouteilles de cognac. Les bombardements avaient laissé intactes seulement les murs de l'appartement, toute la boiserie ayant été arrachée par les habitants afin de se chauffer durant l'hiver en absence de charbon.

Quant au magasin de la Grand-Rue, il était occupé par un spoliateur dont le propre magasin avait été détruit par les bombardements; mais quoi qu'il en soit, il s'était approprié notre magasin. Ce fut un retour à Strasbourg difficile, teinté de tristesse, d'impuissance et de mélancolie. Le mardi 8 mai, l'armistice a été déclaré alors que nous étions à Strasbourg, marquant la fin des hostilités entre les Alliés, l'URSS et l'Allemagne. Si la fin du cauchemar promettait une ère de paix, l'allégresse était tempérée par l'angoisse de ce que l'on découvrirait à propos des déportés au retour, dans quel état ils seraient retrouvés ?

Mes cousins Max et Paul étaient prisonniers, tandis que le troisième, René, avait réussi à être rapatrié. Le mercredi soir 9 mai, nous nous trouvions dans un café de la rue du Jeu des Enfants, où les réfugiés rentrant se rencontraient pour échanger des renseignements. C'était un lieu plein d'émotions où les gens, se connaissant plus ou moins, partageaient leurs histoires, cherchant réconfort les uns chez les autres après les épreuves endurées.

Effectivement, c'étaient surtout les Juifs qui se retrouvaient dans ce café pour s'échanger des nouvelles. Lors de cette rencontre, mon cousin Paul, qui avait été rapatrié à Paris la veille et qui venait tout juste d'arriver à Strasbourg, m'a retrouvé. Ce furent des retrouvailles incroyablement émouvantes. Je ne l'avais plus vu depuis l'enterrement de sa mère dans la neige, au début janvier 1940. Il était en bonne forme ; il avait travaillé chez des paysans en Autriche et était donc en bonne condition physique. Son frère Max est rentré quelques jours plus tard, mais j'avais déjà pris le chemin du retour.

J'ai reconduit Monsieur Kahn à Colmar, déposé mon père à Aix-les-Bains où nous avons fait une halte, et j'ai emmené ma sœur Simone à Nice pour y passer quelques jours. Cela serait également l'occasion pour elle de faire connaissance avec Jeannette. Mes parents sont rentrés à Strasbourg au mois de juillet.

C'est aussi à cette période que ma classe d'âge a été appelée sous les drapeaux. J'espérais que l'on nous oublierait. J'avais bien une fiche de démobilisation, mais elle n'était pas établie à mon nom. Ce qui s'est passé ensuite est que notre classe d'âge, n'ayant effectué que quelques mois de service militaire – qui n'en était pas vraiment un, car nous faisions partie des chantiers de jeunesse –, a été rappelée pour servir dans les unités chargées de la garde des prisonniers de guerre de l'Axe. J'ai finalement réussi à faire valoir mon titre de lieutenant de la Résistance, ce qui a été accepté, du moins pour un temps. Finalement, j'ai réussi à me maintenir à un grade d'aspirant, ce qui me positionnait plutôt dans une fonction de commandement qu'au rang des simples troufions.

Effectivement, après avoir été appelé à Marseille pour rejoindre les forces armées, j'ai pu obtenir une lettre du président des œuvres sociales des Alpes-Maritimes, orchestrée par mon adjoint à Nice, Jacques Inouefeld. La lettre insistait sur le fait que je jouais un rôle absolument indispensable à Nice pour le bon fonctionnement du Comité Israélite d'Action Sociale, et que mon activité entrait dans le cadre des missions essentielles des services d'assistance sociale de la région. C'est ainsi qu'une mutation à la 445ème compagnie de garde des prisonniers de l'Axe m'a été demandée—mutation qui devait me permettre d'exercer mes fonctions vitales pour la communauté hors des heures de service.

Quand je suis arrivé à Nice, je me suis vite senti inutile et j'ai pensé que d'autres pourraient prendre la relève pour garder les prisonniers de l'Axe. J'ai simulé une maladie, ce qui m'a valu une admission à l'hôpital du Mont-Boron. Le médecin ne semblait pas trop inquisiteur et après les visites, je m'éclipsais pour me rendre au bureau. Néanmoins, il fallait revenir pour la nuit en raison de l'appel du soir. Malgré tout, je réussissais à assurer l'essentiel du travail au bureau.

Avec le retour des déportés a commencé une période et une réalité d'une horreur sans nom. Nous savions que de nombreux déportés ne reviendraient jamais. Nous craignions que la plupart ne reviennent pas, mais nous étions loin d'imaginer l'ampleur de l'horreur véritable des camps de concentration et d'extermination nazis, des chambres à gaz, des crématoires, des tortures, des souffrances incommensurables subies avant leur anéantissement. Le retour des quelques déportés survivants nous a complètement bouleversés ; leurs récits nous ont traumatisés d'une manière si profonde qu'il est difficile de la décrire.

Face à ces survivants, nous nous sentions totalement impuissants devant leur propre traumatisme. Entre nous, il y avait un fossé béant, un abîme creusé par l'horreur et la souffrance qu'ils avaient enduré. Et malgré l'aide matérielle que nous étions en mesure de proposer—bien qu'insuffisante—, il était impossible de combler ce fossé, cette distance immense façonnée par des expériences que seuls ceux qui les avaient véritablement vécues pouvaient comprendre. C'était une réalité que nous devions affronter, tout en sachant que nous ne pourrions jamais pleinement soulager la douleur ni comprendre l'étendue des pertes subies par ceux qui étaient revenus de l'enfer des camps.

Je suis sincèrement désolé, mais je ne peux pas donner un chiffre exact du nombre de déportés qui sont arrivés à Nice. Je ne me souviens plus si c'était 20, 30 ou 15, ces détails m'échappent désormais. Pour ce qui est de leurs témoignages, les gens avaient beaucoup de mal à parler. Leurs expériences étaient si douloureuses et traumatisantes que trouver les mots pour les décrire était souvent insurmontable. Les autorités ont mis en place une structure, le COSOR, spécialement destinée à aider les rapatriés, qui comptait parmi eux de nombreux résistants. Le taux de survie et de retour des résistants déportés fut en effet plus élevé que celui des déportés juifs. Il est crucial de préciser qu'il s'agit de proportions et non de chiffres absolus. Il y avait également les travailleurs forcés qui rentraient chez eux après la guerre. Toutes ces retours requéraient une intervention des autorités et le COSOR a accompli un travail remarquable à ce sujet.

Néanmoins, la difficulté principale a été la confrontation avec l'expérience vécue par les rapatriés, une expérience souvent incommunicable et insoutenable à assumer pour eux. Beaucoup revenaient sans leurs familles, sans leurs enfants ou leurs parents, et chaque cas représentait un drame affreux et unique. Je voudrais maintenant présenter quelques documents. Parmi eux, ma carte des Forces Françaises de l'Intérieur, qui a été établie bien sûr après la Libération. Sur cette carte, on peut voir qu'elle est affiliée au groupe FTP de René Cantat Logan Martin et de Jean-Marie. C'est un vestige de mon engagement durant ces années sombres, un engagement qui nous a coûté très cher mais nous a aussi animés d'une formidable volonté de résistance et de libération.

Pendant la clandestinité, nous avions établi des contacts avec les FTP (Francs-Tireurs et Partisans), et nous avons continué à collaborer avec eux durant la Résistance. Cette carte est liée à mon activité pour Tchadacheni, un engagement que j'expliquerai en détail plus tard, mais vous pouvez d'ores et déjà voir qu'il y a un texte en russe et les drapeaux des Alliés ainsi que le drapeau russe. Sur cette carte en effet, il est inscrit mon rôle en tant que chef du service social et du laboratoire de la Résistance. Ce département était chargé de fournir des pièces d'identité, de l'ajoutaisonnement, c'est-à-dire du ravitaillement, et des renseignements. Bien que nous fissions partie intégrante des FTP sur le plan militaire, nous entretenions aussi des relations avec d'autres groupes de la Résistance. Notre contribution principale a été la fabrication et la distribution de faux papiers, tandis qu'eux nous ont fourni les armes nécessaires le jour de la Libération.

Josée était l'aînée de notre groupe d'assistants sociaux. Son âge exact m'était inconnu, elle le gardait secret, mais elle avait probablement entre 45 et 50 ans. Jacqueline Cotillard, Mika Niagouche et moi étions tous plus jeunes. Mika Niagouche, d'origine allemande, était extrêmement compétente et engagée dans son travail. La photo de notre équipe n'est qu'une fraction représentative ; plusieurs collaborateurs manquaient à l'appel. Le moment est venu où j'ai dû passer la direction du comité à Jacques-Henri Feil. Nos liens avec Paris étaient désormais établis et nous pouvions compter sur l'assurance de budgets pour l'assistance et les salaires. Novembre était le mois du retour à Strasbourg pour moi, dans le but de rebâtir l'entreprise familiale. Mon père m'avait confié que, sans mon aide, il n'aurait pas la force de recommencer seul, et que si je ne revenais pas, tout ce qu'il avait bâti serait perdu.

Ainsi, l'Aliyah devra attendre environ un quart de siècle. Jeannette aussi s'est dirigée vers Strasbourg, où elle resterait chez son oncle Lucien Cronbach et sa famille. Notre mariage était prévu pour le printemps 1946, dès que nous pourrions trouver un logement, une tâche complexe compte tenu des nombreuses destructions dans la ville. C'était un temps de reconstruction et de grands changements, non seulement pour moi personnellement, mais aussi pour la communauté juive et pour l'ensemble du pays, qui se relevait des décombres de cette guerre dévastatrice.

Les destructions matérielles ne pouvaient être comparées aux drames humains causés par la Shoah : le deuil des déportés qui ne reviendraient jamais, les souffrances indélébiles gravées dans les coeurs de ceux qui survivent. Nous pleurons tous les camarades qui ont perdu leur vie dans la lutte à nos côtés, paveurs de chemin, exemples de courage et de résistance. À cette époque, notre souhait le plus cher était d'être dignes de leur sacrifice et de ne jamais oublier leur combat. C'était un principe que nous avons essayé d'incarner dans nos actions et notre vie quotidienne.

Quand je repense aujourd'hui à cette période et aux années de guerre, il est difficile pour moi de tirer des leçons ou de formuler un jugement sur ces années terribles. Vous me demandez d'entreprendre une étude à la fois psychologique et historique, ce qui est une tâche ardue. Ce qui est sûr, c'est que cette période nous a tous profondément marqués. Pour ma part, j'ai vécu une expérience de vie intense et souvent éprouvante, mais je ne peux pas dire qu'elle ait été en vain.

Ces expériences, bien qu'emplies de douleur, ont façonné qui je suis et ont influencé le cours de mon existence. Elles sont des points d'ancrage dans ma mémoire, des rappels constants des réalités les plus sombres de notre histoire, mais aussi des preuves de la résilience et de la capacité de l'esprit humain à rechercher la lumière même dans les ténèbres les plus denses.

Il est indéniable que nous aurions préféré éviter les épreuves de la guerre, mais elles nous ont marqués indélébilement. Pour ma part, je suis ressorti de cette période changé, avec une perspective très différente de celle que j'avais avant le conflit. Entre septembre 1939 et novembre 1945, j'ai livré un récit largement incomplet et j'ai bien conscience de n'être pas parvenu à retranscrire l'intensité de ces années, marquées par des drames quotidiens, des erreurs, des tâtonnements, des moments de désespoir et des victoires fugitives.

Notre reconnaissance la plus profonde doit être exprimée envers nos fidèles amis non-juifs, dont l'aide et le dévouement ont été essentiels à notre travail et à notre survie.

Quant à la question de l'importance et la significativité de mon activité pendant la guerre, il est vrai que j'avais la possibilité de faire des choses vitales comme sauver des vies et apporter une assistance cruciale sans laquelle certaines personnes n'auraient pas survécu. Le passage à la routine quotidienne après une période d'actions aussi traumatisantes et cruciales peut être difficile pour certains, mais personnellement, je ne crois pas avoir subi un choc ou une déception trop forte. Je pense que je suis parvenu à passer d'une phase à l'autre de façon relativement naturelle, bien que les défis auxquels j'ai été confronté après la guerre étaient d'une nature très différente de celle de la Résistance.

Il était impératif de rebâtir après la guerre, et cela a été réalisé dans les meilleures conditions possibles, malgré les inévitables erreurs que chacun peut commettre. J'ai ensuite pris la tête du KRN-KMH à Strasbourg pendant 25 ans, un rôle auquel j'ai consacré énormément de temps et d'efforts, et ce, au bénéfice de la communauté.

Le 19 mai 1946, les Forces Françaises de l'Intérieur m'ont décerné la médaille de la Résistance.

Ce fut une grande fierté pour moi pendant 20 ans. Cependant, suite à la position prise par le général de Gaulle en novembre 1967 après la guerre des Six Jours, j'ai trouvé nécessaire de lui retourner cette décoration. Je lui ai exprimé mon incapacité à conserver un honneur qui émanait de quelqu'un qui avait trahi la confiance qu'un petit État comme Israël avait pu placer en lui. J'ai fait le parallèle que, tout comme la France avait trahi la Tchécoslovaquie auparavant, elle venait de trahir Israël. La décoration n'avait ainsi plus de place chez moi, surtout après les déclarations du général sur le "peuple vif, fier et dominateur".

Je suis heureux de conclure cette conversation et vous remercie pour votre lecture. J'espère sincèrement que cet enregistrement pourra être utile, tant à ma famille qu'aux chercheurs qui pourraient être intéressés à le consulter à l'avenir.

C'est un souhait que je formule de tout cœur.

About the Author

Raymond Heymann (1919-2009) was not only a key figure in the Jewish community of Strasbourg but also a prominent member of the French Resistance during World War II. His courageous efforts earned him the Resistance Medal from Charles de Gaulle. Post-war, he continued to contribute significantly to Jewish life, eventually making Aliyah to Israel. His legacy also includes his recorded testimony for Steven Spielberg's Holocaust archive, preserving vital historical accounts for future generations. This multifaceted life of service and dedication to Jewish culture and history makes him a notable figure in both French and Jewish history.